UNE FILLE

DU RÉGENT.

En Vente.

LES VRAIS MYSTÈRES DE PARIS,

PAR VIDOCQ,

7 vol. in-8.

LES DERNIERS KERVEN,

(GUERRE DES DEUX ROSES).

PAR LE CH^{ier} A. DE GONDRECOURT.

2 vol. in-8.

SOUVENIRS DU MARÉCHAL BUGEAUD,

DE L'ALGÉRIE ET DU MAROC,

Par P. CHRISTIAN, secrétaire particulier du Maréchal.

2 vol in-8.

Ouvrages de Maximilien Perrin

L'Amour et la Faim.	2 vol. in-8.
L'Amant de ma Femme.	2 vol. in-8.
La Fille de l'Invalide.	2 vol. in-8.
Le Mari de la Comédienne.	3 vol. in-8.
Ma vieille Tante.	2 vol. in-8.
L'Ami de la Maison.	2 vol. in-8.
Les Pilulles du Diable.	2 vol. in-8.
Le Garde Municipal.	2 vol in-8.
Vierge et Modiste.	2 vol. in-8.
Le Domino Rose.	2 vol in-8.
La Demoiselle de la Confrérie.	2 vol. in-8.
La Servante Maîtresse.	2 vol. in-8.

SCEAUX. — IMPR. DE E. DÉPÉE.

UNE FILLE
DU RÉGENT

PAR

Alexandre Dumas.

PARIS
ALEXANDRE CADOT, ÉDITEUR,
32, RUE DE LA HARPE.

1845

I

Le sang se révèle.
(SUITE.)

— Où allons-nous? dit Hélène; vous n'avez pas besoin de répondre, Gaston; que vous le sachiez, cela suffit. Une dernière prière, cependant. Voici un Christ et une Vierge singulièrement placés au milieu de ces fresques impures. Jurez sur ces saintes images de respecter l'honneur de votre femme.

— Hélène, répondit Gaston, je ne vous ferai pas l'injure de faire un pareil serment ; l'offre que vous me faites la première aujourd'hui, j'ai hésité longtemps à vous la faire. Riche, heureux, sûr du présent, fortune, richesse, bonheur, j'eusse tout mis à vos pieds, m'en rapportant à Dieu du soin de l'avenir ; mais à ce moment suprême, je dois vous le dire, non, vous ne vous étiez pas trompée ; oui, il y a entre aujourd'hui et demain la chance d'un événement terrible. Ce que je puis vous offrir, je puis donc vous le dire, Hélène ; c'est, si je réussis, haute et puissante position peut-être ; mais si j'échoue, c'est la fuite, l'exil, la misère peut-être. M'aimez-vous assez, Hélène, ou aimez-vous assez votre honneur pour braver tout cela.

— Je suis prête, Gaston, dites-moi de vous suivre et je vous suis.

— Eh bien ! Hélène, votre confiance ne sera pas trompée, soyez tranquille; ce n'est pas chez moi que vous venez, mais chez une personne qui vous protégera, s'il en est besoin, et qui, en mon absence, remplacera le père que vous avez cru avoir retrouvé, et que vous avez au contraire perdu une seconde fois.

— Quelle est cette personne, Gaston ? Ce n'est pas de la défiance, ajouta la jeune fille avec un charmant sourire, c'est de la curiosité.

— Quelqu'un qui ne peut rien me refuser, Hélène, dont les jours sont attachés aux miens, dont la vie dépend de la mienne, et qui trouvera que je me fais payer bien peu en exigeant votre repos et votre sûreté.

— Encore des obscurités, Gaston ; en vérité, vous me faites peur pour l'avenir.

— Ce secret est le dernier, Hélène. A partir de ce moment, toute ma vie sera pour vous à découvert.

— Merci, Gaston.

— Et maintenant, je suis à vos ordres, Hélène.

— Allons !...

Hélène prit le bras du chevalier et traversa le salon; dans ce salon était madame Desroches toute crispée d'indignation et griffonnant une lettre dont nous pouvons déjà préjuger la destination.

— Mon Dieu! Mademoiselle, s'écria-t-elle, où alles-vous? que faites-vous?

— Où je vais?... je pars. Ce que je fais? je fuis une maison où mon honneur est menacé.

— Comment! s'écria la vieille dame, comme si un ressort l'eût dressée sur ses jambes, vous sortez avec votre amant!

— Vous vous trompez, madame, répondit Hélène d'un accent plein de dignité; c'est avec mon mari.

Madame Desroches laissa tomber de terreur ses deux bras contre ses flancs décharnés.

— Et maintenant, continua Hélène, si la personne que vous connaissez me demande pour quelque entrevue, vous lui direz que toute provinciale et pensionnaire que je suis, j'ai deviné le piège; que j'y échappe, et que si l'on me cherche, on trouvera du moins à mes côtés un défenseur.

— Vous ne sortirez pas, Mademoiselle, s'écria madame Desroches, quand je devrais employer la violence.

— Essayez, Madame, dit Hélène de ce ton royal qui semblait lui être naturel.

— Holà! Picard, Couturier, Blanchot!

Les valets appelés accoururent.

— Le premier qui me barre la porte, je le tue, dit froidement Gaston en dégaînant son épée bretonne.

— Quelle infernale tête! s'écria la Desroches. Ah! mesdemoiselles de Chartres et de Valois, que je vous reconnais bien là.

Les deux jeunes gens entendirent cette exclamation, mais sans la comprendre.

— Nous partons, dit Hélène; n'oubliez point, Madame, de répéter mot pour mot ce que je vous ai dit.

Et, suspendue au bras de Gaston, rouge de plaisir et de fierté, brave comme une amazone antique, la jeune fille commanda qu'on ouvrît la porte de la rue. Le suisse n'osa résister ; Gaston prit Hélène par la main, ferma la porte, fit avancer le fiacre dans lequel il était venu, et comme il vit qu'on s'apprêtait à le suivre, il fit quelques pas vers les assaillants, en disant à haute voix :

— Deux pas de plus, et je dis tout haut cette histoire, et je me mets, moi et mademoiselle, sous la sauvegarde de l'honneur public.

La Desroches crut que Gaston connaissait le mystère, et craignit qu'il ne nommât les masques ; elle eut peur et rentra précipitamment, suivie de toute la valetaille.

Le fiacre intelligent partit au galop.

II

Ce qui se passait à la maison de la rue du Bac
en attendant Gaston.

— Comment, Monseigneur, c'est vous ! s'écria Dubois en entrant dans le salon de la maison de la rue du Bac et en y retrouvant le régent à la même place que la veille.

— Oui, c'est moi, dit le régent. Qu'y a-t-il d'étonnant à cela, n'ai-je pas ici rendez-vous à midi avec le chevalier?

— Mais il me semblait que l'ordre que vous aviez signé, Monseigneur, mettait fin aux conférences.

— Tu te trompes, Dubois. J'ai voulu en avoir une dernière avec ce pauvre jeune homme. Je veux essayer encore une fois de le faire renoncer à son projet.

— Et s'il y renonce?

— Eh bien! s'il y renonce, tout sera fini : il n'y aura pas eu de conspiration ; il n'y aura pas eu de conspirateur : on ne punit pas l'intention.

— Avec un autre, je ne vous laisserais

pas faire ; mais avec celui-là, je vous dis : Allez.

— Tu crois qu'il poursuivra son projet.

— Oh! je suis tranquille ; seulement, quand il aura parfaitement refusé, n'est-ce pas ; quand vous serez bien convaincu qu'il persiste dans son projet de vous assassiner bel et bien, vous me le livrerez, n'est-ce pas?

— Oui ; mais pas ici.

— Pourquoi pas ici?

— Il vaut mieux, ce me semble, le faire arrêter à son hôtel.

—Là-bas, au Muids-d'Amour, par Tapin et les gens de d'Argenson! impossible, Monseigneur; l'esclandre de Bourguignon est encore fraîche; le quartier a été toute la journée en rumeur. Je ne suis pas bien sûr, depuis que Tapin donne stricte mesure, que l'on croie bien fermement à l'attaque d'apoplexie de son prédécesseur. En sortant d'ici, c'est mieux, Monseigneur; la maison est sourde et bien notée : je crois avoir dit à Votre Altesse que c'était une de mes maîtresses qui y demeurait; quatre hommes en viendront facilement à bout, et sont déjà placés dans cette chambre; je vais les faire changer de côté, puisque Votre Altesse veut absolument le voir : au lieu de l'arrêter en entrant, ils l'arrêteront en sortant, voilà tout. A la porte, une autre voiture que celle qui l'aura amené sera toute prête et le conduira à la Bastille : de cette façon, le cocher qui l'aura amené ne saura même pas ce qu'il est devenu. Il n'y aura que mons Delaunay qui sera au courant de la chose, et il est discret, lui, je vous en réponds.

— Fais comme tu l'entendras.

— Monseigneur sait que c'est assez mon habitude.

— Faquin que tu es.

— Mais il me semble que Monseigneur ne se trouve pas trop mal de cette faquinerie-là ?

— Oh ! je sais que tu as toujours raison.

— Mais les autres ?

— Quels autres ?

— Nos Bretons de là-bas : Pontcalec, Ducouëdic, Talhouet et Mont-Louis.

— Oh! les malheureux! tu sais leurs noms.

— Et à quoi donc croyez-vous que j'aie passé mon temps à l'hôtel du Muids-d'Amour?

— Ils apprendront l'arrestation de leur complice.

— Par qui?

— Mais en voyant qu'ils n'ont plus de correspondant à Paris, il se douteront bien qu'il est arrivé quelque chose.

— Bah! Est-ce que le capitaine La Jonquière n'est pas là pour les rassurer !

— C'est juste. Mais ils doivent connaître l'écriture ?

— Allons, allons, pas mal, et Monseigneur commence à se former ; mais Votre Altesse prend d'inutiles soins, comme dit Racine ; à l'heure qu'il est ces messieurs de Bretagne doivent être arrêtés.

— Et qui a expédié l'ordre !

— Moi, pardieu ! Je ne suis pas votre ministre pour rien : d'ailleurs, vous l'avez signé.

— Moi, par exemple, es-tu fou ?

— Assurément, ceux de là-bas ne sont ni plus ni moins coupables que celui d'ici, et en m'autorisant à faire arrêter l'un, vous m'avez autorisé à faire arrêter les autres.

— Et quand le porteur de cet ordre est-il donc parti ?

— Dubois tira sa montre.

— Il y a juste trois heures ; ainsi c'était une licence poétique que je me permettais quand je disais à Votre Altesse qu'ils devaient être arrêtés maintenant : ils ne le seront que demain matin.

— La Bretagne se fâchera, Dubois.

— Bah ! j'ai pris mes mesures.

— Les tribunaux bretons ne voudront pas juger leurs compatriotes.

— Le cas est prévu.

— Et s'ils sont condamnés à mort, on ne trouvera pas de bourreau pour les exécuter, et ce sera une seconde édition de l'affaire de Châlais. C'est à Nantes, ne l'oublie pas, que cette affaire a eu lieu, Dubois ; je te le dis, les Bretons sont difficiles à vivre.

— Dites à mourir, Monseigneur ; mais c'est encore un point à régler avec les commissaires, dont voici la liste ; j'enverrai trois ou quatre bourreaux de Paris, gens très habitués à de nobles besognes, et qui ont gardé les bonnes traditions du cardinal de Richelieu.

— Diable ! diable ! dit le régent, du sang sous mon règne, je n'aime pas cela, passe encore pour celui du comte Horn, qui était un voleur, et pour celui de Duchauffour, qui était un infâme; je suis tendre, Dubois.

— Non, Monseigneur, vous n'êtes pas tendre, vous êtes incertain et faible; je vous le disais, quand vous n'étiez que mon écolier, je vous le répète aujourd'hui que vous êtes mon maître : lorsqu'on vous baptisa, les fées, vos marraines, vous firent tous les dons de la nature, force, beauté, courage et esprit; une seule qu'on n'avait pas invitée parce qu'elle était vieille, et qu'on devinait probablement que vous auriez horreur des vieilles femmes, arriva la dernière, et vous donna la facilité, celle-là a gâté tout.

— Et qui t'a fait ce beau conte ! Perrault ou Saint-Simon ?

— La princesse palatine, votre mère.

Le régent se mit à rire.

—Et qui nommerons-nous de cette commission, demanda-t-il.

— Oh ! soyez tranquille, Monseigneur ; des gens d'esprit et de résolution, peu provinciaux, peu sensibles aux scènes de famille, vieillis dans la poussière des tribunaux, bien ergotés, bien racornis, auxquels les Bretons ne feront pas peur avec leurs gros yeux méchants, et que les Bretonnes ne séduiront pas avec leurs beaux yeux humides.

Le régent ne répondit pas, et se contentait de hocher la tête et de remuer le pied.

— Après tout, continua Dubois en regardant ces signes de muette opposition, ces gens-là ne sont peut-être pas aussi coupables que nous le supposons. Qu'ont-ils comploté? Récapitulons les faits. Bah! des misères, de faire revenir les Espagnols en France. Qu'est-ce que cela? d'appeler *mon roi* Philippe V, renonciateur de sa patrie; de briser toutes les lois de l'État... Ces bons Bretons!

— C'est bien, dit le régent avec hauteur; je sais la loi nationale aussi bien que vous.

— Alors, Monseigneur, si vous dites vrai, il ne vous reste plus qu'à approuver la nomination des commissaires que j'ai choisis.

— Combien y en a-t-il ?

— Douze.

— Qui se nomment ?

— Mabroul, Bertin, Barillon, Parissot, Brunet-d'Arcy, Pagon, Feydeau-de-Brou, Madorge, Héber-de-Buc, Saint-Aubin, de Beaussan et Aubry de Valton.

— Ah ! ah ! tu avais raison, le choix est heureux. Et quel président donneras-tu à cette aimable assemblée ?

— Devinez, Monseigneur.

— Prends garde ! il te faut un nom honnête pour mettre à la tête de pareils ravageurs.

— J'en ai un, et des plus décents.

— Lequel ?

— Un nom d'ambassadeur.

— Cellamare, peut-être ?

— Ma foi, je crois que si vous vouliez le laisser sortir de Blois, il n'aurait rien à vous refuser, fût-ce de faire tomber la tête de ses propres complices.

—Il est bien à Blois, qu'il y reste. Voyons, quel est ton président ?

— Château-Neuf.

— L'ambassadeur d'Hollande, l'homme du grand roi ? Pardieu ! Dubois, d'ordinaire je ne t'assomme pas de compliments, mais cette fois tu as véritablement fait un chef-d'œuvre.

— Vous comprenez, Monseigneur, il sait que ces gens-là veulent faire une république, et lui qui est élevé à ne connaître que des sultans et qui a pris la Hollande en horreur par l'horreur que Louis XIV avait des républiques, il a ma foi accepté de fort bonne grâce; nous aurons Argram pour procureur-général, c'est un déterminé; Cayet sera notre secrétaire; nous allons aller vite en besogne, Monseigneur, et cela sera bien fait, car la chose presse.

— Mais au moins, Dubois, serons-nous tranquilles après.

—Je crois bien ; nous n'aurons plus qu'à dormir du soir au matin et du matin au soir, c'est-à-dire quand nous aurons fini la guerre d'Espagne, opéré la réduction des billets de caisse; mais pour cette dérnière besogne, votre ami, M. Law, vous aidera. La réduction, c'est son affaire.

— Que d'ennuis, mon Dieu! et où diable avais-je la tête, quand j'ambitionnais la régence! Je rirais bien aujourd'hui de voir M. du Maine se dépêtrer avec ses jésuites et ses Espagnols; madame de Maintenon faisant sa petite politique avec Villeroy et Villars, nous désopilerait quelque peu la rate; et Humbert dit que c'est très bon de rire une fois par jour.

— A propos de madame de Maintenon, reprit Dubois, vous savez, Monseigneur, qu'on dit que la bonne femme est très malade et qu'elle ne passera pas la quinzaine.

— Bah !

— Depuis la prison de madame du Maine et l'exil de Monsieur son époux, elle dit que décidément le roi Louis XIV est bien mort, et s'en va toute pleurante le rejoindre.

— Ce qui ne te fait pas de peine, mauvais cœur, n'est-ce pas !

— Ma foi je la déteste cordialement, je l'avoue : c'est elle qui m'a fait faire de si gros yeux par le feu roi, quand je lui ai demandé le chapeau rouge à propos de votre mariage, et corbleu ! ce n'était pas cependant chose facile à arranger, vous en savez quelque chose, Monseigneur; tant il y a que si vous n'étiez pas là pour réparer les torts du roi à mon égard, elle me faisait perdre ma carrière ; aussi, si j'avais pu fourrer son M. du Maine dans notre affaire de Bretagne ! Mais c'était impossible, parole d'honneur, le pauvre homme est à demi-fou de peur, si bien qu'il dit à tous ceux qu'il rencontre : A propos, savez-vous qu'on a voulu conspirer contre le gouvernement du roi et contre la personne du régent. C'est honteux pour la France. Ah !... si tout le monde était comme moi.

— On ne conspirerait pas, reprit le régent, la chose est certaine.

— Il a renié sa femme, ajouta Dubois en riant.

— Et elle a renié son mari, répliqua le régent en riant aussi.

— Je me garderai bien de vous conseiller de les emprisonner ensemble, ils se battraient.

— Aussi, ai-je mis l'un à Doulens et l'autre à Dijon.

— Oui, d'où ils se mordent par lettres.

— Mettons tout cela dehors, Dubois.

— Pour qu'ils s'achèvent. Ah! Monseigneur, vous êtes un vrai bourreau, et l'on voit bien que vous avez juré la perte du sang de Louis XIV.

Cette audacieuse plaisanterie prouvait combien Dubois était sûr de son ascendant sur le prince ; car de tout autre elle eût provoqué un nuage plus sombre que celui qui, pour un instant, passa sur le front du régent.

Dubois présenta l'arrêté nommant le tribunal à la signature de Philippe d'Orléans qui, cette fois, signa sans hésiter, et Dubois, joyeux au fond de l'âme, bien que très calme en apparence, s'en alla tout préparer pour l'arrestation du chevalier.

—

En sortant de la maison du faubourg, Gaston se fit conduire à l'auberge du Muids-d'Amour, où l'on se rappelle qu'une voiture devait l'attendre pour le conduire à la rue du Bac ; non-seulement la voiture l'attendait, mais encore son guide de la veille. Gaston, qui ne voulait pas faire descendre Hélène, demanda s'il lui était permis de continuer la route avec le fiacre dans lequel il était venu, l'homme mystérieux lui répondit qu'il n'y voyait pas d'inconvénients et monta sur le siége avec le cocher, auquel il donna l'adresse de la maison devant laquelle il devait s'arrêter.

Pendant tout le trajet, Gaston, bourrelé de crainte et le cœur gros de soupirs, n'avait offert à Hélène, au lieu du courage qu'elle s'attendait à trouver en lui, que des tristesses sans bornes dont le chevalier n'avait pas voulu lui donner l'explication, aussi, au moment d'entrer dans la rue du Bac, désespérée de trouver si peu de force dans celui sur lequel elle eût dû s'appuyer.

— Oh! dit-elle, c'est à faire peur pour toutes les fois que j'aurais confiance en vous.

— Avant peu, dit Gaston, vous verrez, Hélène, si j'agis dans votre intérêt.

Ils arrivèrent, la voiture s'arrêta.

— Hélène, dit Gaston, dans cette maison est celui qui vous servira de père, souffrez que je monte le premier et que j'aille lui annoncer votre visite.

— Ah! mon Dieu! s'écria Hélène, frissonnant malgré elle, et sans savoir pourquoi, allez-vous donc me laisser seule ici?

— Vous n'avez rien à craindre, Hélène;

d'ailleurs dans un instant je viens vous reprendre.

La jeune fille lui tendit sa main, que Gaston pressa contre ses lèvres; lui-même se sentait ému d'un trouble involontaire, il lui semblait, à lui aussi, qu'il avait tort de quitter Hélène, mais en ce moment la porte s'ouvrit, l'homme qui était sur le siége ordonna au fiacre d'entrer, la porte se referma derrière lui et Gaston comprit que dans cette cour close de grands murs Hélène ne courait aucun danger; d'ailleurs, il n'y avait plus à reculer. L'homme qui était venu le chercher au Muids-d'Amour ouvrait la portière, Gaston serra une dernière fois la main de son amie,... sauta à bas de la voiture, monta les marches du perron, suivant son guide, qui, comme la veille, l'introduisit dans le corridor; arrivé là, il lui montra la porte du salon et se retira après lui avoir dit qu'il pouvait frapper.

Gaston, qui savait qu'Hélène l'attendait, et qui par conséquent n'avait pas de temps à perdre, frappa aussitôt.

— Entrez, dit la voix du faux prince espagnol.

Gaston ne se trompa point à cette voix qui était profondément entrée dans sa mémoire; il obéit, ouvrit la porte, et se trouva en présence du chef du complot; mais cette fois, il n'avait plus sa crainte première; cette fois, il était bien décidé, et ce fut la tête haute et le front calme qu'il aborda le faux duc d'Olivarès.

— Vous êtes exact, Monsieur, dit celui-ci ; nous avions rendez-vous à midi, et voilà midi qui sonne.

En effet, le timbre d'une pendule placée derrière le régent, qui se trouvait debout contre la cheminée, retentit douze fois.

—C'est que je suis pressé, Monseigneur, dit Gaston, le mandat dont je suis chargé me pèse ; j'ai peur d'avoir des remords. Cela vous étonne et vous inquiète, n'est-ce pas, Monseigneur ; mais rassurez-vous, les remords d'un homme comme moi ne peuvent tourmenter que lui-même.

— En vérité, Monsieur, s'écria le régent

avec un sentiment de joie qu'il ne put cacher entièrement; je crois que vous semblez reculer.

— Vous vous trompez, Monseigneur, depuis que le sort m'a désigné pour frapper le prince, j'ai toujours marché en avant, et je ne m'arrêterai pas que ma mission ne soit accomplie.

— Monsieur, c'est que j'avais cru voir quelque hésitation dans vos paroles, et les paroles ont une grande valeur dans certaines bouches et dans certaines circonstances.

— Monseigneur, en Bretagne c'est l'habitude de dire ce que l'on sent, mais c'est aussi l'habitude de faire ce que l'on dit.

— Alors vous êtes toujours décidé?

— Plus que jamais, Excellence.

— C'est que, voyez-vous, reprit le régent, c'est qu'il serait temps encore; le mal n'est pas fait, et...

— Vous appelez cela le mal, Monseigneur, dit Gaston en souriant d'un sourire triste ; comment l'appellerai-je donc, moi?

—C'est aussi comme cela que je l'entends, reprit vivement le régent ; le mal est pour vous, puisque vous avez des remords.

— Il n'est pas généreux de m'accabler avec cette confidence, Monseigneur; car à un homme d'un mérite moindre que votre Excellence, je ne l'eusse certainement pas faite.

— Et moi, Monsieur, c'est justement aussi parce que je vous apprécie à toute votre valeur, que je vous dis qu'il est temps encore de vous arrêter, que je vous demande si vous avez fait toutes vos réflexions, si vous vous repentez d'être mêlé à ces... Le duc hésita un instant, et reprit — à ces audacieuses entreprises; ne craignez rien de moi, je vous protégerai jusque dans l'abandon où vous nous laisserez. Je ne vous ai vu qu'une fois, Monsieur, mais je crois que je vous juge comme vous méritez d'être jugé ; les hommes de cœur sont si rares que tout le regret sera pour nous.

— Tant de bonté me confond, Monseigneur, dit Gaston, qu'un sentiment d'imperceptible indécision mordait au fond du cœur, malgré les efforts de son courage. Mon prince, je n'hésite pas, seulement mes réflexions sont celles d'un duelliste qui va sur le terrain, bien décidé à tuer son ennemi, tout en déplorant la nécessité qui le force à supprimer un homme. Gaston fit une pause d'un instant, pendant laquelle le regard ardent de son interlocuteur plongea jusqu'au plus profond de son âme, afin de découvrir cette trace de faiblesse qu'il y cherchait : puis il continua :

— Mais ici l'intérêt est si grand, si supérieur à toutes les faiblesses de notre nature que je vais obéir à mes convictions et à mes amitiés, sinon à mes sympathies, et que je me conduirai de telle sorte, Monseigneur, que vous estimerez en moi jusqu'au sentiment de faiblesse momentanée qui a retenu mon bras pendant une seconde.

— Fort bien, dit le régent, mais comment vous y prendrez-vous ?

— J'attendrai jusqu'à ce que je le rencontre face-à-face, et alors je ne me servirai ni de l'arquebuse, comme a fait Poltrot, ni du pistolet, comme a fait Vitry ; je lui dirai : « Monseigneur, vous faisiez le malheur de la France, je vous sacrifie au salut de la France » et je le poignarderai.

— Comme a fait Ravaillac, dit le duc sans sourciller, et avec une sérénité qui fit passer un frisson dans les veines du jeune homme! C'est bien.

Gaston baissa la tête sans répondre.

— Ce projet me paraît le plus sûr, répondit le duc, et je l'approuve. Il faut cependant que je vous fasse une dernière demande. Si vous êtes pris et que l'on vous interroge.

— Votre Excellence sait ce qui arrive en pareil cas : on meurt, mais on ne répond pas, et puisque vous m'avez cité tout-à-l'heure Ravaillac, c'est, si j'ai bonne mémoire, ce qu'a fait Ravaillac, et cependant Ravaillac n'était pas gentilhomme.

La fierté de Gaston ne déplut pas au régent, qui avait beaucoup de jeunesse dans le cœur et d'esprit chevaleresque dans la tête ; d'ailleurs, habitué aux natures étiolées, basses et courtisanesques qu'il coudoyait tous les jours, cette nature simple et vigoureuse de Gaston était une nouveauté pour lui. Or, on sait combien le régent recherchait toute nouveauté.

Il réfléchit donc encore, et comme si, n'étant pas décidé, il eût voulu gagner du temps.

—Je puis donc compter, dit-il, que vous serez immuable ?

Gaston sembla étonné que son interlocuteur revint encore là-dessus ; ce sentiment se traduisait dans ses regards : le régent s'en aperçut.

— Oui, dit-il, du même ton, je le vois, vous êtes décidé.

— Absolument, répondit le chevalier, et j'attends les dernières instructions de votre Seigneurie.

— Comment cela ! mes dernières instructions ?

— Sans doute. Votre Excellence ne s'est pas encore engagée avec moi, qui me suis mis tout d'abord à votre disposition, je vous appartiens déjà corps et âme.

Le duc se leva.

— Eh bien, dit-il, puisqu'il faut absolument un denoûment à cette entrevue, vous allez sortir par cette porte et traverser le petit jardin qui entoure cette maison. Dans une voiture qui vous attend à la porte du fond, vous trouverez mon secrétaire qui vous remettra un laissez-passer d'audience pour le régent; de plus, vous serez garanti par ma parole.

— Voilà tout ce que je demandais sur ce point, Monseigneur, reprit Gaston.

— Avez-vous encore autre chose à me dire?

— Oui. Avant de faire mes adieux à votre Seigneurie, que je n'aurai peut-être plus l'occasion de voir en ce monde, j'ai une grâce à lui demander.

— Laquelle, Monsieur, répondit le duc. Dites, j'écoute.

— Monseigneur, reprit Gaston, ne vous étonnez pas si j'hésite un instant; car ici il ne s'agit point d'un service vulgaire ou d'une faveur personnelle, Gaston de Chanlay n'a plus besoin que d'un poignard, et le voici. Mais en sacrifiant son corps, il ne voudrait pas sacrifier son âme; la mienne, Monseignenr, est à Dieu d'abord, puis à une jeune fille que j'aime avec idolâtrie. Triste amour, n'est-ce pas, que celui qui a grandi si près d'une tombe. N'importe, abandonner cette enfant si pure et si tendre, ce serait tenter Dieu d'une manière insensée; car je vois que parfois il nous éprouve cruellement et laisse souffrir même ses anges. J'ai donc aimé sur cette terre une adorable femme que mon affection soutenait et protégeait contre des piéges infâmes. Moi mort ou disparu, que deviendrait-elle? Nos têtes tomberont à nous,

Monseigneur, ce sont celles de simples gentilshommes, mais vous, Monseigneur, vous êtes un puissant lutteur soutenu par un puissant roi, vous vaincrez la mauvaise fortune, vous. Eh bien! je veux remettre en vos bras ce trésor de mon âme. Vous reporterez sur mon amie toute la protection que vous me devez, comme associé, comme complice.

— Oui, Monsieur, je vous le promets, répondit le régent profondément ému.

— Ce n'est pas tout, Monseigneur; il peut m'arriver malheur, et, ne pouvant lui laisser ma personne, je voudrais lui laisser mon nom pour appui. Moi mort, elle n'a plus de fortune; car elle est orpheline, Monseigneur. J'ai fait en quittant

Nantes, un testament où je lui laisse tout ce que je possède. Monseigneur, quand je mourrai, qu'elle soit veuve... est-ce possible ?

— Qui s'y oppose ?

— Personne ; mais je puis être arrêté demain, ce soir, en sortant de cette maison.

Le régent tressaillit à cet étrange pressentiment.

— Supposez que je sois conduit à la Bastille, croyez-vous que j'obtienne la grâce de l'épouser avant mon exécution ?

— J'en suis sûr.

— Vous emploierez-vous de tout votre

pouvoir à me faire obtenir cette grâce. Jurez-moi cela, Monseigneur, pour que je bénisse votre nom, et qu'il ne m'échappe dans les tortures qu'une action de grâces quand je penserai à vous.

— Sur mon honneur, Monsieur, je vous le promets, dit le régent attendri, cette jeune fille me sera sacrée ; elle héritera dans mon cœur de toute l'affection qu'involontairement je ressens pour vous.

— Maintenant, Monseigneur, encore un mot.

— Dites, Monsieur, car je vous écoute avec une profonde sympathie.

— Cette jeune fille ne sait rien de mon projet, elle ignore les causes qui m'ont amené à Paris. La catastrophe qui nous menace, car je n'ai pas eu la force de lui dire tout cela. Dites-le lui, vous, Monseigneur. Préparez-la à cet événement. Quant à moi, je ne la reverrai que pour devenir son mari. Si je la revoyais au moment de frapper le coup qui me séparera d'elle, ma main tremblerait peut-être, et il ne faut pas que ma main tremble.

— Sur ma foi de gentilhomme, Monsieur, dit le régent ému au-delà de toute expression. Je vous le répète non-seulement cette jeune fille me sera sacrée ; mais encore je ferai pour elle tout ce que vous désirez que je fasse. Elle héritera dans mon cœur de l'affection qu'involontairement je ressens pour vous.

—Maintenant, Monseigneur, dit Gaston en se relevant, maintenant je suis fort.

— Et cette jeune fille, demanda le régent, où est-elle?

— En bas, dans la voiture qui l'a amenée. Laissez-moi me retirer, Monseigneur, et dites-moi seulement où elle logera?

— Ici, Monsieur. Cette maison qui n'est habitée par personne, et qui est on ne peut plus convenable pour une jeune fille, sera la sienne.

— Monseigneur, votre main.

Le régent tendit la main à Gaston, et peut-être allait-il faire quelque nouvelle tentative pour l'arrêter, lorsqu'une petite toux sèche qui retentit sous les fenêtres lui fit comprendre que Dubois s'impatientait.

Il fit donc un pas en avant pour indiquer à Gaston que l'audience était terminée.

— Monseigneur, encore une fois, dit Gaston, veillez sur votre enfant. Elle est douce, belle et fière : c'est une de ces riches et nobles natures comme vous en aurez rencontré bien peu dans votre vie... Adieu, Monseigneur, je vais trouver votre secrétaire.

— Et il faudra lui dire que vous allez tuer un homme, dit le régent, faisant un dernier effort pour retenir Gaston.

— Oui, Monseigneur, répondit le chevalier. Seulement vous ajouterez que je le tue pour sauver la France.

— Partez donc, Monsieur, dit le duc en ouvrant une porte qui donnait sur le jardin, et suivez l'allée que je vous ai dite.

— Souhaitez-moi bonne chance, Monseigneur.

— Ah ! l'enragé, dit en lui-même le régent, voudrait-il encore me faire prier Dieu pour le succès de son coup de poignard ? Ah ! quant à cela, ma foi non.

Gaston s'éloigna. Le sable, mêlé de neige, cria sous ses pas. Le régent le suivit quelque temps des yeux par la fenêtre du corridor. Puis quand il l'eût perdu de vue :

— Allons, dit-il, il faut que chacun suive son chemin.... Pauvre garçon !

Et il rentra au salon, où il trouva Dubois, qui était rentré par une autre porte et qui l'attendait.

Dubois avait sur le visage un air de malice et de satisfaction qui n'échappa point au régent. Le duc le regarda quelque temps sans parler, et comme pour chercher ce qui se passait dans l'esprit de cet autre Méphistophélès.

Cependant ce fut Dubois qui rompit le premier le silence.

— Eh bien! Monseigneur, dit-il au régent, vous en voici enfin débarrassé, du moins, je l'espère.

— Oui, répondit le duc, mais d'une manière qui me déplaît fort, Dubois. Je n'aime pas à jouer un rôle dans tes comédies, tu le sais.

— C'est possible ; mais peut-être ne feriez-vous pas mal, Monseigneur, de me donner, à moi, un rôle dans les vôtres.

— Comment cela?

— Oui, elles réussiraient mieux et les dénoûments seraient meilleurs.

— Je ne sais pas ce que tu veux dire, explique-moi... voyons, parle, quelqu'un m'attend qu'il faut que je reçoive.

— Oh! là! là! Monseigneur, recevez, nous reprendrons la conversation plus tard. Maintenant le dénoûment de votre comédie est fait, et il n'en sera ni meilleur ni pire.

Et sur ces mots, Dubois s'inclina avec ce respect railleur que le régent avait l'habitude de lui voir prendre, quand dans le jeu éternel qu'ils jouaient l'un contre l'autre Dubois avait les belles cartes.

Aussi rien n'inquiétait-il si fort le régent que ce respect simulé.

Il le retint.

— Voyons, qu'y-a-t-il encore, et qu'as-tu découvert de nouveau? lui demanda-t-il.

— J'ai découvert que vous êtes un habile dissimulateur, peste!

— Cela t'étonne!

— Non, cela me fait de la peine. Encore quelques pas dans cet art, et vous faites des miracles. Vous n'aurez plus besoin de moi, et vous me renverrez faire l'éducation de votre fils, qui a bon besoin, j'en conviens, d'un maître comme moi.

— Voyons, parle vite.

— C'est juste, Monseigneur; car ici, il n'est plus question de votre fils, mais de votre fille.

— De laquelle!

— Ah! c'est vrai, nous en avons tant. D'abord, l'abbesse de Chelles; puis, madame de Berry; puis, mademoiselle de Valois; puis les autres, qui sont trop jeunes pour qu'on en parle, et par conséquent pour que j'en parle ; puis enfin, cette charmante fleur de Bretagne, ce genêt sauvage qu'on voulait écarter du souffle empoisonné de Dubois, de peur que ce souffle ne la flétrît.

— Ose dire que je n'avais pas raison !

— Comment donc, Monseigneur, vous avez fait merveille. Ne voulant pas de cet infâme Dubois, ce en quoi je vous approuve, vous avez, l'archevêque de Cambrai étant mort, été trouver à sa place le bon, le digne, le pur, le candide Nocé, et vous lui avez emprunté sa maison.

— Ah! ah! dit le régent, tu sais cela, toi!

— Et quelle maison ! virginale comme

son maître. Oui, Monseigneur, oui, c'est plein de prudence et de raison. Cachons bien à cet enfant le monde corrupteur; éloignons d'elle tout ce qui pourrait altérer sa naïveté primitive. C'est pourquoi nous lui donnons une demeure, où l'on ne voit que Lédas, Érigones et Danaés pratiquant le culte de l'abomination sous le symbole de cygnes, de grappes de raisin et de pluies d'or. Sanctuaire moral où les prêtresses de la vertu, et toujours sous le prétexte de leur ingénuité, sans doute, prennent les plus ingénieuses, mais les moins permises des attitudes.

— Et ce diable de Nocé qui m'avait juré qu'il n'y avait là que du Mignard.

— Ne connaissez-vous donc pas la maison, Monseigneur!

— Est-ce que je regarde toutes ces turpitudes, moi !

— Et puis, vous êtes myope, c'est vrai.

— Dubois !

— Pour meubles, votre fille n'aura que des toilettes étranges, des canapés inintelligibles, des lits de repos magiques ; pour livres... ah ! ce sont les livres de frère Nocé surtout qui sont connus pour l'instruction et la formation de la jeunesse, et qui font d'heureux pendants au bréviaire de M. de Bussy-Rabutin, dont je vous ai donné un exemplaire, Monseigneur, le jour où vous avez eu douze ans !

— Serpent que tu es !

— Bref, la plus austère pruderie habite

cet asile. Je l'avais choisi pour dégourdir le fils ; mais Monseigneur et moi ne voyons pas les choses du même œil : il l'a choisi, lui, pour purifier la fille.

— Ah çà ! Dubois, dit le régent, à la fin, vous me fatiguez.

— J'arrive au but, Monseigneur *(incedo ad finem)*. Au reste, mademoiselle votre fille eût dû se trouver très bien du séjour de cette maison ; car, comme toutes les personnes de votre sang, c'est une personne fort intelligente.

Le régent frémit, il devinait quelque triste nouvelle sous le préambule tortueux et sous le sourire méchant et railleur de Dubois.

— Eh bien! cependant, continua celui-ci, voyez ce que c'est que l'esprit de contradiction, Monseigneur; eh bien! elle n'est pas contente du logement que lui avait si paternellement choisi Votre Altesse; elle déménage.

— Qu'est-ce à dire!

— Je me trompe; elle a même déménagé.

— Ma fille est partie! s'écria le régent.

— Parfaitement, dit Dubois.

— Par où!

— Par la porte, donc... Oh! ce n'est pas une de ces demoiselles qui s'évadent la nuit par les fenêtres. C'est bien notre sang, Monseigneur ; et si j'en avais douté une seule minute, j'en serais convaincu maintenant.

— Et madame Desroches !

— Madame Desroches est au Palais-Royal. Je la quitte à l'instant. Elle venait annoncer cette nouvelle à Votre Altesse.

— Mais elle n'a donc rien pu empêcher.

— Mademoiselle ordonnait.

— Il fallait faire fermer les portes par la valetaille. La valetaille ignorait que c'était ma fille, et n'avait aucune raison pour lui obéir.

— La Desroches a eu peur de la colère de mademoiselle ; mais la valetaille a eu peur de l'épée.

— De l'épée, que dis-tu! Tu es ivre, Dubois.

— Ah oui! avec cela que je mène un régime à me griser; je ne bois que de l'eau de chicorée. Non, Monseigneur, si je suis ivre c'est d'admiration pour la perspicacité de Votre Altesse quand elle veut conduire une affaire à elle toute seule.

— Mais qu'as-tu parlé d'épée! quelle épée voulais-tu dire!

— L'épée dont dispose mademoiselle Hélène, et qui appartient à un charmant jeune homme...

— Dubois!...

— Qui l'aime beaucoup...

— Dubois, tu me rendras insensé.

— Et qui la suivit de Nantes à Rambouillet avec infiniment de galanterie.

— M. de Livry?

— Tiens, vous savez son nom! Alors je ne vous apprends donc rien, Monseigneur.

— Dubois, je suis anéanti!

— Il y a de quoi, Monseigneur, mais voilà ce que c'est que de faire ses affaires soi-même, quand on a en même temps à s'occuper de celles de la France.

— Mais enfin où est-elle?

— Ah! voilà, où est-elle? Est-ce que je le sais, moi!..

Dubois, c'est toi qui m'as appris sa fuite, c'est à toi maintenant de m'apprendre sa retraite. Dubois, mon cher Dubois, il faut que tu me retrouves ma fille.

— Ah! Monseigneur, que vous ressemblez furieusement aux pères de Molière et moi à Scapin... Ah! mon bon Scapin, mon cher Scapin, mon petit Scapin, retrouve-moi ma fille. Monseigneur, j'en suis fâché; mais Géronte ne dirait pas mieux. Eh bien! soit, on vous la cherchera votre fille, on vous la retrouvera, et on vous vengera de son ravisseur.

— Eh bien! retrouve-la-moi, Dubois, et demande-moi tout ce que tu voudras après.

— A la bonne heure! voilà qui est parler.

Le régent était tombé sur un fauteuil, la tête appuyée entre ses deux mains; Dubois le laissait à sa douleur, en s'applaudissant d'une affection qui doublait l'empire qu'il avait déjà sur le duc. Tout-à-coup, et tandis qu'il le regardait de ce sourire malicieux qui lui était habituel, on gratta doucement à la porte.

— Qui va là? demanda Dubois.

— Monseigneur, dit une voix d'huissier, derrière la porte, il y a là en bas, dans le même fiacre qui a amené le chevalier, une jeune dame qui fait demander s'il ne descendra pas bientôt; et si elle doit toujours attendre?

Dubois fit un bond et se précipita vers la porte, mais il était trop tard, le régent, à qui les paroles de l'huissier avaient rappelé la promesse solennelle qu'il venait de faire à Gaston, s'était levé tout d'un coup.

— Où allez-vous, Monseigneur? demanda Dubois.

— Recevoir cette jeune fille, dit le régent.

— C'est mon affaire, et non la vôtre, oubliez-vous que vous m'avez abandonné cette conspiration.

— Je t'ai abandonné le chevalier, c'est vrai; mais j'ai promis au chevalier de servir de père à celle qu'il aime; j'ai donné ma parole, je la tiendrai. Puisque je lui tué son amant, c'est bien le moins que je la console.

— Je m'en charge, dit Dubois, essayant de cacher sa pâleur et son agitation sous un de ces sourires diaboliques qui n'appartenaient qu'à lui.

— Tais-toi, et ne bouge pas d'ici, s'écria le régent; tu vas encore me faire quelque indignité.

— Que diable! Monseigneur, laissez-moi au moins lui parler.

— Je lui parlerai bien moi-même, ce ne sont pas tes affaires, je suis engagé personnellement, j'ai donné ma foi de gentilhomme... Allons, silence, et demeure là.

Dubois se rongeait les poings; mais quand le régent parlait de ce ton, il fallait obéir; il s'adossa au chambranle de la cheminée, et attendit.

Bientôt le frôlement d'une robe de soie se fit entendre derrière la portière.

— Oui, Madame, dit l'huissier, c'est par ici.

— La voilà, dit le duc, songe à une chose, Dubois, c'est que cette jeune fille n'est responsable en rien de la faute de son amant; en conséquence, tu entends, les plus grands égards pour elle. Et puis, se retournant du côté d'où venait la voix: Entrez, ajouta-t-il :

A cette invitation, la portière s'ouvrit

précipitamment ; la jeune femme fit un pas vers le régent, qui recula comme frappé de la foudre...

— Ma fille ! murmura-t-il, en essayant de reprendre son empire sur lui-même, tandis qu'Hélène, après avoir cherché de tous côtés Gaston des yeux, s'arrêtait et faisait une révérence.

Quant à Dubois, il est facile de se figurer la grimace qu'il faisait.

— Pardon, Monsieur, dit Hélène ; mais peut-être me suis-je trompée. Je cherchais un ami qui m'avait laissée en bas, et qui devait revenir me prendre ; voyant qu'il tardait, je me suis hasardée à faire demander de ses nouvelles. On m'a conduite ici, et peut-être est-ce une erreur de la part de l'huissier.

— Non, Mademoiselle, dit le duc, M. le chevalier de Chanlay me quitte à l'instant même, et je vous attendais.

Mais tandis que le régent parlait, la jeune fille, préoccupée au point d'oublier pour un instant Gaston, semblait faire un effort pour rappeler tous ses souvenirs; enfin, comme répondant à ses propres pensées :

— Oh! mon Dieu! que c'est étrange! s'écria-t-elle tout d'un coup.

— Qu'avez-vous? demanda le régent.

— Oh ! oui, c'est bien cela.

— Achevez! dit le duc; car je ne puis comprendre ce que vous voulez me dire.

— Oh! Monsieur, dit Hélène toute tremblante, c'est singulier comme votre voix m'a rappelé la voix d'une personne...

Hélène s'arrêta en hésitant.

— De votre connaissance! demanda le régent.

— D'une personne avec laquelle je ne me suis trouvée qu'une seule fois, mais dont l'accent est resté là, vivant dans mon cœur.

— Et quelle était cette personne! demanda le régent, tandis que Dubois haussait les épaules à cette demi-reconnaissance.

— Cette personne disait qu'elle était mon père, répondit Hélène.

— Je me félicite de ce hasard, Mademoiselle, reprit le régent ; car cette ressemblance de ma voix avec celle d'une personne qui doit vous être chère, donnera peut-être plus de poids à mes paroles ; vous savez que monsieur le chevalier de Chanlay m'a fait la grâce de me choisir pour votre protecteur.

— Du moins m'a-t-il fait entendre qu'il m'amenait chez quelqu'un qui pourrait me défendre du péril que je cours.

— Et quel péril courez-vous ? demanda le régent.

Hélène regarda autour d'elle, et ses yeux

s'arrêtèrent avec inquiétude sur Dubois. Il n'y avait point à s'y tromper, autant la figure du régent lui était visiblement sympathique, autant celle de Dubois lui paraissait inspirer de défiance.

— Monseigneur, dit à demi-voix Dubois, qui ne s'abusait pas sur son expression. Monseigneur, je crois que je suis de trop ici et je me retire, d'ailleurs, vous n'avez plus besoin de moi, n'est-ce pas?

— Non; mais j'en aurai besoin tout-à-l'heure; ne t'éloigne donc pas.

— Je me tiendrai aux ordres de Votre Altesse.

Toute cette conversation eut lieu à voix trop basse pour qu'Hélène pût l'entendre;

d'ailleurs, par discrétion, elle avait fait un pas en arrière, et elle continuait de fixer successivement ses yeux sur chacune des portes, espérant que par l'une d'elles rentrerait enfin Gaston.

Ce fut une consolation pour Dubois de penser, en se retirant, que celle qui venait de lui jouer le mauvais tour de se retrouver toute seule, serait au moins trompée dans cette attente.

Quand Dubois fut sorti, le duc et Hélène respirèrent plus librement.

— Asseyez-vous, Mademoiselle, dit le duc, nous avons à causer longuement, et j'ai bien des choses à vous dire.

— Monsieur, une seule d'abord, dit Hélène ; le chevalier Gaston de Chanlay ne court aucun danger, n'est-ce pas ?

— Nous reviendrons à lui tout-à-l'heure, Mademoiselle, parlons de vous d'abord ; il vous a amenée chez moi comme chez un protecteur. Voyons, dites-moi, contre qui dois-je vous protéger ?

— Tout ce qui m'arrive depuis quelques jours est si étrange, que je ne sais qui je dois craindre, et à qui je dois me fier. Si Gaston était-là....

— Oui, je comprends, et qu'il vous autorisât à tout me dire ; vous n'auriez plus de secrets pour moi. Mais, voyons ; si je vous prouve que je sais à peu près tout ce qui vous concerne.

— Vous, Monseigneur !

— Oui, moi ! Ne vous appelez-vous pas Hélène de Chaverny ? N'avez-vous pas été élevée entre Nantes et Clisson, au couvent des Augustines ? Un jour, n'avez-vous pas reçu d'un protecteur mystérieux, qui prend soin de vous, l'ordre de quitter le couvent où vous avez été élevée ? Ne vous êtes-vous pas mise en route accompagnée d'une sœur, à qui vous avez donné cent louis pour la récompenser de sa peine ? A Rambouillet, une femme nommée madame Desroches ne vous attendait-elle pas ? Ne vous a-t-elle pas annoncé la visite de votre père ! le même soir, n'est-il pas venu quelqu'un qui vous aimait, et qui a cru que vous l'aimiez ?

— Oui Monsieur, c'est bien cela, dit Hélène étonnée qu'un étranger eût si bien retenu tous les détails de cette histoire.

— Puis le lendemain, continua le régent, M. de Chanlay, qui vous avait suivie sous le nom de M. de Livry, n'est-il pas venu vous faire une visite à laquelle a voulu vainement s'opposer votre gouvernante?

— Tout cela est vrai, Monsieur, et je vois que Gaston vous a tout dit.

— Puis l'ordre est venu de partir pour Paris. Vous avez voulu vous opposer à cet ordre, cependant il a fallu obéir. On vous a conduite dans une maison du faubourg Saint-Antoine, mais là, la captivité vous est devenue insupportable.

— Vous vous trompez, Monsieur, répondit Hélène ; ce n'est point la captivité, c'est la prison.

— Je ne vous comprends pas.

— Gaston ne vous a-t-il pas dit ses craintes que j'ai repoussées d'abord, mais partagées ensuite.

— Non, dites ; quelles craintes pouvez-vous avoir ?

— Mais s'il ne vous l'a pas dit, comment vous le dirai-je, moi ?

— Y a-t-il quelque chose que l'on ne puisse pas dire à un ami ?

— Ne vous a-t-il pas dit que cet homme qu'au premier abord j'avais cru mon père ?...

— Que vous avez cru!...

— Oh! oui, je vous le jure, Monsieur! en entendant le son de sa voix, en sentant ma main pressée dans la sienne, je n'ai eu d'abord aucun doute, et il a fallu presque l'évidence pour faire succéder la crainte à l'amour filial qui remplissait déjà mon cœur.

— Je ne vous comprends pas, Mademoiselle, achevez; comment avez-vous pu craindre un homme qui, d'après ce que vous me dites, paraissait avoir une si grande tendresse pour vous?

— Vous ne comprenez pas, Monsieur, que bientôt, comme vous l'avez dit, sous un prétexte frivole, on me fit venir de Rambouillet à Paris, que l'on me mit dans cette maison du faubourg Saint-Antoine, et que cette maison parla plus clairement à mes yeux que n'avaient pu le faire les craintes de Gaston. Alors je me vis perdue. Toute cette tendresse feinte d'un père cachait le manège d'un séducteur. Je n'avais d'autre ami que Gaston, je lui écrivis, il vint.

— Ainsi, s'écria le régent au comble de la joie, lorsque vous quittiez cette maison, c'était pour fuir un séducteur et non pour suivre votre amant ?

— Oui, Monsieur, si j'avais cru à la réalité de ce père, que je n'avais vu qu'une fois, et qui pour me voir s'était entouré de tant de mystères, je vous le jure, Monsieur, rien ne m'eût fait m'écarter de la ligne de mes devoirs,

— Oh! chère enfant! s'écria le duc, avec un accent qui fit tressaillir Hélène.

— Alors Gaston m'a parlé d'une personne qui n'avait rien à lui refuser, qui devait veiller sur moi, remplacer mon père. Il m'a amenée ici, me disant qu'il allait revenir me prendre. Pendant plus d'une heure j'ai attendu vainement. Enfin, craignant qu'il ne lui fût arrivé quelque accident, je l'ai fait demander.

Le front du régent se rembrunit.

— Ainsi, dit-il, changeant la conversation, c'est l'influence de Gaston qui vous a détournée de votre devoir, ce sont ces craintes qui ont éveillé les vôtres.

— Oui ; il s'est effrayé pour moi du mystère qui m'entoure, et il a prétendu que ce mystère cachait quelque projet qui devait m'être fatal.

— Mais encore, pour vous persuader, a-t-il dû vous donner quelque preuve.

— En fallait-il d'autre que cette maison infâme ! un père eût-il conduit sa fille dans une pareille maison !

— Oui, oui, murmura le régent, c'est vrai, et il a eu tort. Mais convenez que sans les suggestions du chevalier, vous, dans l'innocence de votre âme, vous n'eussiez rien soupçonné.

— Non, dit Hélène. Mais, heureusement, Gaston veillait sur moi.

— Croyez-vous donc, Mademoiselle, tout ce que vous dit Gaston? reprit le régent.

Hélène répondit : on se range facilement à l'avis des personnes qu'on aime.

— Et vous aimez le chevalier, Mademoiselle?

— Il y a près de deux ans, Monsieur.

— Mais comment vous voyait-il dans le couvent?

— La nuit, à l'aide d'une barque.

— Et il vous voyait souvent!

— Toutes les semaines,

— Ainsi, vous l'aimez !

— Oui, Monsieur, je l'aime.

— Mais comment avez-vous pu disposer de votre cœur, sachant que vous ne vous apparteniez pas à vous-même ?

— Depuis seize ans que je n'avais point entendu parler de ma famille, devais-je penser qu'elle se révélerait tout-à-coup, ou plutôt qu'une odieuse manœuvre me tirerait de la retraite où je vivais si tranquille pour essayer de me perdre.

— Mais vous croyez donc toujours que cet homme vous a menti. Vous croyez donc toujours qu'il n'était pas votre père ?

— Hélas ! maintenant je ne sais plus que

cróire, et mon esprit se perd dans cette fiévreuse réalité que je suis tentée à chaque instant de prendre pour un rêve.

— Mais ce n'était pas votre esprit qu'il fallait consulter, Hélène, dit le régent, c'était votre cœur. Près de cet homme votre cœur ne vous avait-il donc rien dit?

— Oh! au contraire! s'écria Hélène, tant qu'il a été là j'ai été convaincue, car jamais je n'avais éprouvé une émotion pareille à celle que j'éprouvais.

— Oui, reprit le régent avec amertune; mais lui parti, ce sentiment a disparu, chassé par de plus fortes influences. C'est tout simple, cet homme n'était que votre père, et Gaston était votre amant.

— Monsieur, dit Hélène en se reculant, vous me parlez d'une façon étrange.

— Pardon, reprit le régent d'une voix plus douce, je m'aperçois que je me laisse entraîner par l'intérêt que je vous porte; mais ce qui m'étonne surtout, Mademoiselle, continua le régent le cœur oppressé, c'est qu'étant aimée de M. de Chanlay comme vous paraissez l'être, vous n'ayez pas eu sur lui cette influence de le faire renoncer à ses projets.

— A ses projets, Monsieur, que voulez-vous dire?

— Comment! vous ignorez dans quel but il est venu à Paris?

— Je l'ignore, Monsieur. Le jour où les

larmes aux yeux je lui dis que j'étais forcée de quitter Clisson, il me dit que lui était forcé de quitter Nantes; et lorsque je lui annonçai que je venais à Paris, ce fut avec un cri de joie qu'il me répondit qu'il allait suivre le même chemin.

— Ainsi, s'écria le régent, le cœur soulagé d'un poids énorme, ainsi vous n'êtes pas sa complice?

— Sa complice! s'écria Hélène effrayée; oh! mon Dieu! que voulez-vous dire?

— Rien, dit le régent, rien.

— Oh! si, Monsieur; vous m'avez dit un mot qui me révèle tout. Oui, je me demandais d'où venait ce changement dans le caractère de Gaston. Pourquoi, depuis un an, chaque fois que je lui parlais de notre avenir, son front s'assombrissait tout-à-coup ; pourquoi, avec un si triste sourire, il me disait : « Pensons au présent, Hélène, nul n'est sûr du lendemain » ; pourquoi enfin il tombait tout-à-coup dans des rêveries profondes et silencieuses, et telles qu'on eût dit que quelque grand malheur le menaçait. Ah ! ce grand malheur, vous venez de me le révéler d'un mot, Monsieur. Là-bas Gaston ne voyait que des mécontents, les Mont-Louis, les Pontcalec, les Talhouet. Ah ! Gaston est venu à Paris pour conspirer ; Gaston conspire !

— Ainsi, vous, s'écria le régent, vous ne saviez rien de cette conspiration !

— Hélas ! Monsieur, moi, je ne suis qu'une femme, et sans doute Gaston ne m'a pas jugée digne de partager un pareil secret.

— Oh! tant mieux! tant mieux! s'écria le régent; et maintenant, mon enfant, écoutez-moi, écoutez la voix d'un ami, écoutez les conseils d'un homme qui pourrait être votre père : laissez le chevalier se perdre seul sur la route où il s'engage, puisqu'il est temps encore pour vous de rester où vous êtes et de ne pas aller plus avant.

—Qui, moi! Monsieur? s'écria Hélène; moi, je l'abandonnerais au moment où vous dites vous-même qu'un danger que je ne connais pas le menace! Oh! non, non, Monsieur; nous sommes isolés tous deux en ce monde; il n'a que moi, moi que lui. Gaston n'a plus de parents; moi, je n'en ai pas encore; ou si j'en ai, séparés de moi depuis seize ans, ils sont habitués à mon absence. Nous pouvons donc nous perdre ensemble, sans faire couler une larme. Oh! je vous trompais, Monseigneur, et quelque crime que Gaston ait commis ou doive commettre, je suis sa complice.

— Ah! murmura le régent d'une voix étouffée, mon dernier espoir s'en va : elle l'aime.

Hélène se retourna avec étonnement vers cet inconnu qui paraissait prendre une part si vive à son chagrin. Le régent se remit.

— Mais, reprit-il, n'aviez-vous pas à peu près renoncé à lui, Mademoiselle. Ne lui aviez-vous pas dit l'autre jour, le jour où vous vous êtes quittés, que tout devait être fini entre vous et que vous ne pouviez disposer ni de votre cœur, ni de votre personne?

— Oui, je lui ai dit tout cela, Monseigneur! s'écria la jeune fille avec exaltation, parce qu'à cette époque je le croyais heureux, parce que j'ignorais que sa liberté, que sa vie peut-être fussent compromises. Il n'y eut alors que mon cœur qui eût souffert, et ma conscience eût été tranquille. C'était une douleur à braver et non un remords à combattre. Mais depuis que je le vois menacé, depuis que je le sais malheureux, je le sens, sa vie c'est ma vie.

— Mais vous vous exagérez votre amour pour lui sans doute, reprit le régent, insistant pour qu'il ne lui restât aucun doute sur les sentiments de sa fille. Cet amour ne résisterait pas à l'absence.

— A tout, Monseigneur, s'écria Hélène. Dans l'isolement où mes parents m'ont laissée, cet amour est devenu mon espoir unique, mon bonheur, mon existence. Ah! Monseigneur, au nom du ciel, si vous avez quelque influence sur lui, et vous devez en avoir, puisqu'il vous a confié, à vous, des secrets qu'il me cache, obtenez de lui qu'il renonce à ces projets dont vous me parlez; dites-lui ce que je n'ose lui dire à lui-même, c'est-à-dire que je l'aime au-dessus de toute expression; dites-lui que son sort sera le mien; que lui exilé, je m'exile; prisonnier, je me fais captive; que lui mort, je meurs. Dites-lui cela, Monsieur, et ajoutez... ajoutez que vous avez compris à mes larmes et à mon désespoir que je vous disais la vérité.

— Oh! la malheureuse enfant, murmura le régent.

En effet, pour tout autre que pour lui, la situation d'Hélène était digne de pitié. A la pâleur qui s'était répandue sur tout son visage, on voyait qu'elle souffrait cruellement; puis tout en parlant, ses larmes coulaient sans violence, sans sanglots, comme l'accompagnement naturel de ses paroles; on voyait qu'elle n'avait pas dit un mot qui ne fût sorti de son cœur, qu'elle n'avait pas pris un engagement qu'elle ne fût prête à tenir.

— Eh bien! dit le régent, soit, Mademoiselle, je vous promets de faire ce que je pourrai pour sauver le chevalier.

Hélène fit un mouvement pour se jeter aux genoux du duc, tant la crainte du malheur dont était menacé Gaston pliait cette âme si fière. Le régent la reçut dans ses bras. Hélène alors frissonna de tout son corps. Il y avait dans le contact de cet homme quelque chose qui semblait lui envelopper le cœur d'espérance et de joie. Elle resta donc appuyée à son bras, sans faire aucun mouvement pour se relever.

— Mademoiselle, dit le régent après l'avoir regardée quelques instants avec une expression qui l'eût certes trahi si dans ce moment les yeux d'Hélène eussent rencontré les siens; Mademoiselle, allons au plus pressé d'abord. Oui, je vous l'ai dit, Gaston court un danger; mais ce danger n'est point immédiat; par conséquent songeons d'abord à vous, dont la position isolée est fausse et précaire. Vous êtes confiée à ma garde, et je dois, avant toute chose, m'acquitter de ce soin en bon père de famille. Avez-vous confiance en moi, Mademoiselle?

— Oh! oui, puisque c'est Gaston qui m'a conduite à vous.

— Toujours Gaston, murmura le régent à demi-voix. Puis, revenant à Hélène.

— Vous habiterez, dit-il, cette maison qui est inconnue et où vous serez libre.

Vous aurez pour société de bons livres et ma présence qui ne vous manquera pas, si elle peut vous être agréable.

Hélène fit un mouvement.

— D'ailleurs, continua le duc, ce vous sera une occasion de parler du chevalier.

Hélène rougit, le régent continua :

— L'église du couvent voisin sera ouverte pour vous à toute heure, et à la moindre crainte que vous auriez du genre de celles que vous avez eues, le couvent lui-même vous serait un asile ; la supérieure est de mes amies.

— Oh ! Monsieur, dit Hélène, vous me rassurez entièrement ; j'accepte cette maison que vous m'offrez, et les bontés que vous nous témoignez à Gaston et à moi me rendront votre présence infiniment agréable.

Le régent s'inclina.

— Eh bien! Mademoiselle, dit-il, considérez-vous donc ici comme chez vous. Il y a une chambre à coucher, je crois, attenante à ce salon. La distribution du rez-de-chaussée est commode, et, dès ce soir, je vous enverrai deux religieuses du couvent, elles vous conviendront mieux que des femmes de chambre, sans doute.

— Oh! oui, Monsieur.

— Alors, continua le régent avec hésitation; alors vous avez donc à peu près renoncé... à votre père?

— Ah! Monsieur, ne comprenez-vous pas que c'est par la crainte qu'il ne soit pas mon père ?...

— Cependant, reprit le régent, rien ne le prouve ; cette maison seule... je sais bien que c'est une forte prévention contre lui, mais peut-être ne la connaissait-il pas !

— Oh! reprit Hélène, c'est presque impossible.

— Enfin... s'il faisait de nouvelles démarches près de vous, s'il découvrait votre retraite, s'il vous réclamait, ou tout au moins s'il demandait à vous voir ?...

— Monsieur, nous préviendrions Gaston, et d'après son avis...

— C'est bien, dit le régent avec un sou-

7

rire mélancolique. Et il tendit la main à la jeune fille, puis il fit quelques pas vers la porte.

— Monsieur, dit Hélène d'une vôix si tremblante qu'à peine pouvait-on l'entendre.

— Désirez-vous encore quelque chose? demanda le duc en se retournant.

— Et lui,... pourrais-je le voir?

Ces mots expirèrent sur les lèvres de la jeune fille plutôt qu'ils ne furent prononcés par elle.

— Oui, dit le duc; mais pour vous-même, n'est-il pas convenable que ce soit le moins possible?

Hélène baissa les yeux.

— D'ailleurs, continua le duc, il est parti pour un voyage, et peut-être ne reviendra-t-il que dans quelques jours.

— Et à son retour, je le verrai? demanda Hélène.

— Je vous le jure, répondit le régent.

Dix minutes après, deux jeunes religieuses suivies d'une sœur converse entraient chez Hélène et s'y installaient.

En sortant de chez sa fille, le régent avait demandé Dubois ; mais on lui avait répondu qu'après avoir attendu Son Altesse plus d'une demi-heure, Dubois était retourné au Palais-Royal.

En effet, en rentrant chez l'abbé, le duc le trouva travaillant avec ses secrétaires ; un portefeuille, bourré de papiers, était sur une table.

— Je demande mille millions de pardon à Votre Altesse, dit Dubois en apercevant le duc ; mais comme Votre Altesse tardait, et que la conférence pouvait fort traîner en longueur, je me suis permis de transgresser ses ordres, et de revenir travailler.

— Tu as bien fait ; mais je veux te parler.

— A moi ?

— Oui, à toi.

— A moi seul ?

— Et oui, à toi seul.

— En ce cas, monseigneur veut-il aller m'attendre chez lui ou passer dans mon cabinet.

— Passons dans ton cabinet.

L'abbé fit de la main, en montrant la porte, un signe respectueux au régent. Le régent passa le premier, et Dubois le suivit après avoir mis sous son bras le portefeuille, préparé probablement dans l'attente de la visite qu'il recevait.

Lorsqu'on fut dans le cabinet, le duc regarda tout autour de lui.

— Ce cabinet est sûr ? demanda-t-il.

— Pardieu ! chaque porte est double et

les murailles ont deux pieds d'épaisseur.

— Le régent se laissa aller dans un fauteuil, et tomba dans une muette et profonde rêverie.

— J'attends, Monseigneur, dit au bout d'un instant Dubois.

— L'Abbé, dit le régent d'un ton bref et comme un homme décidé à ne supporter sur ce point aucune observation, le chevalier est-il à la Bastille?

— Monseigneur, répondit Dubois, il a dû y faire son entrée depuis une demi-heure à peu près.

— Ecrivez à M. Delaunay, alors. Je désire qu'il soit élargi à l'instant même.

Dubois semblait s'attendre à cet ordre. Il ne lui échappa aucune exclamation, il ne fit aucune réponse ; seulement il posa le portefeuille sur une table, l'ouvrit, en tira un dossier et se mit à le feuilleter tranquillement.

— Vous m'avez entendu? dit le régent après un moment de silence.

— Parfaitement, Monseigneur, répondit Dubois.

— Obéissez donc, alors.

— Écrivez vous-même, monseigneur, répondit Dubois.

— Et pourquoi moi-même? demanda le régent.

— Parce qu'on ne forcera jamais cette main, dit Dubois, à signer la perte de Votre Altesse.

— Encore des phrases, dit le régent, impatienté.

— Non, pas de phrases, mais des faits, monseigneur, M. de Chanlay est-il, oui ou non, un conspirateur ?

— Oui, certes, mais ma fille l'aime.

— La belle raison pour le mettre en liberté !

— Ce n'en est peut-être pas une pour vous, l'Abbé, mais pour moi elle le fait sacré. Il sortira donc de la Bastille à l'instant.

— Allez l'y chercher vous-même, je ne vous en empêche pas, Monseigneur.

— Et vous, Monsieur, vous saviez ce secret?

— Lequel?

—Que M. de Livry et le chevalier étaient une seule et même personne.

— Eh bien! oui, je le savais. Après.

— Vous avez voulu me tromper.

— J'ai voulu vous sauver de la sensiblerie où vous vous noyez en ce moment. Le régent de France, déjà trop occupé de ses plaisirs et de ses caprices, ne pouvait tomber plus mal qu'en prenant de la passion, et quelle passion encore! L'amour paternel, une passion affreuse. Un amour ordinaire se satisfait, et s'use par conséquent ; une tendresse de père est insatiable, et surtout intolérable. Elle fera commettre à Votre Altesse des fautes, que j'empêcherai, par la raison infiniment simple que j'ai le bonheur de ne pas être père, moi, ce dont je me félicite tous les jours, en voyant le malheur ou la bêtise de ceux qui le sont.

— Et que me fait une tête de plus ou de moins, s'écria le régent, ce Chanlay ne me tuera pas, une fois qu'il saura que c'est moi qui lui ai fait grâce.

— Non, mais il ne mourra pas non plus pour rester quelques jours à la Bastille, et il faut qu'il y reste.

— Et moi je te dis qu'il en sortira aujourd'hui.

— Il le faut pour son propre honneur, contina Dubois, comme si le régent n'eût pas prononcé une parole, car s'il en sortait aujourd'hui comme vous le voulez, il passerait près de ses complices, qui sont à cette heure à la prison de Nantes, et que vous ne songez sans doute pas à en faire sortir comme lui, pour un espion et un traître auquel on a pardonné le crime en faveur de la délation.

Le régent réfléchit.

—Et puis, continua Dubois, voilà comme vous êtes vous autres rois ou princes régnants. Une raison stupide comme toutes les raisons d'honneur, comme celle que je viens de vous donner, vous persuade et vous clôt la bouche ; mais vous ne voulez pas comprendre les grandes, les vraies, les bonnes raisons d'état. Que me fait à moi, que fait à la France, je vous le demande un peu, que mademoiselle Hélène de Chaverny, fille naturelle de M. le régent, pleure et regrette M. Gaston de Chanlay, son amant. Dix mille mères, dix mille femmes, dix mille filles, pleureront dans un an leurs fils, leurs époux, leurs pères, tués au service de Votre Altesse, par l'Espagnol qui menace, qui prend votre bonté pour de l'impuissance, et que l'impunité enhardit. Nous tenons le complot. Il faut faire justice du complot. M. de Chanlay, chef ou agent de ce complot, venant à Paris pour vous assassiner, — vous ne direz pas non, il vous a, je l'espère, raconté la chose en détail,—est l'amant de votre fille. Tant pis! c'est un malheur qui tombe sur la tête de Votre Altesse. Mais il en est tombé bien d'autres, sans compter ceux qui tomberont. Oui, je savais tout cela. Je savais qu'il était aimé. Je savais qu'il s'appelait Chanlay et non Livry. Oui, j'ai dissimulé, mais c'était pour le faire châtier exemplairement, lui et ses complices, parce qu'il faut qu'on sache une bonne fois que la tête du régent n'est pas une de ces poupées de cible que l'on cherche à abattre par fanfaronnade ou par ennui, s'en allant tranquille et impuni quand on la manque.

— Dubois, Dubois, jamais je ne tuerai ma fille pour sauver ma vie! et ce serait la tuer que de faire tomber la tête du chevalier. Ainsi, pas de prison, pas de cachot, épargnons jusqu'à l'ombre de la torture à celui dont nous ne pouvons tirer justice entière; pardonnons, pardonnons complètement; pas plus de demi-pardon que de demi-justice.

— Ah! oui, pardonnons, pardonnons, voilà le grand mot lâché! Mais ne vous lassez-vous pas, Monseigneur, de chanter éternellement ce mot sur tous les tons?

— Eh pardieu! cette fois le ton doit varier, du moins: car ce n'est pas par générosité. J'en atteste le ciel, je voudrais pouvoir punir cet homme qui est plus aimé comme amant que je ne le suis comme père, et qui m'enlève ma dernière et ma seule fille ; mais, malgré moi, je m'arrête, je n'irai pas plus loin : Chanlay sera élargi.

— Chanlay sera élargi ; oui, Monseigneur, Mon Dieu ! qui s'y oppose ! Seulement, que ce soit plus tard... dans quelques jours. Quel mal lui faisons-nous, je vous le demande ! Que diable ! il ne mourra pas pour une semaine passée à la Bastille. On vous le rendra, votre gendre, soyez tranquille. Mais laissez faire, et tâchez qu'on ne se moque pas trop de notre pauvre petit gouvernement. Songez donc qu'à l'heure qu'il est, on instruit là-bas l'affaire des autres, et qu'on l'instruit rudement, encore. Eh bien ! mais ces autres ont aussi des maîtresses, des femmes, des mères... Vous en occupez-vous le moins du monde! Ah bien! oui... vous n'êtes pas si fou. Mais songez donc au ridicule, si cela vient à se savoir : que votre fille aimait celui qui devait vous poignarder. Les bâtards en riront pendant un mois. C'est à ressusciter la Maintenon, qui se meurt, et à la faire vivre un an de plus. Que diable! patientez; laissez le chevalier manger les poulets et boire le vin de M. de Launay. Pardieu! Richelieu y est bien à la Bastille. Eh bien! en voilà encore un qui est aimé d'une de vos filles, ce qui n'empêche pas que vous ne l'embastilliez avec rage, lui. Pourquoi! parce qu'il a été votre rival près de madame de Parabère, près de madame de Sabran, et ailleurs, peut-être.

— Mais enfin, dit le régent, interrompant Dubois, une fois qu'il sera bel et bien écroué à la Bastille, qu'en feras-tu !

— Dam ! quand il ne ferait ce petit noviciat que pour arriver à en être plus digne de devenir notre gendre. A propos, sérieusement, Monseigneur, est-ce que Votre Altesse songe à lui faire une pareille fortune !

— Eh ! mon Dieu ! est-ce que dans ce moment je songe à quelque chose, Dubois; je ne voudrais pas rendre ma pauvre Hélène malheureuse, voilà tout; et, toutefois, je crois que le lui donner pour mari ce serait déroger, quoique les Chanlay soient de bonne famille.

— Les connaissez-vous donc, Monseigneur? Parbleu! il ne nous manquerait plus que cela.

— J'ai entendu prononcer leurs noms il y a longtemps; mais je ne puis me rappeler en quelle occasion. En attendant nous verrons, et, bien que tu en dises, ta raison me décide; je ne veux pas que cet homme passe pour un lâche. Mais souviens-toi aussi que je ne veux pas non plus qu'il soit maltraité.

— En ce cas, il est bien avec M. de Launay; mais vous ne connaissez pas la Bastille, Monseigneur. Si vous en aviez tâté une fois seulement, vous ne voudriez plus d'une maison de campagne. Sous le feu roi, c'était une prison, oh! mon Dieu; oui, j'en conviens; mais sous le règne débonnaire de Philippe d'Orléans, c'est devenu une maison de plaisance. D'ailleurs, c'est là que dans ce moment-ci se trouve la meilleure compagnie. Il y a tous les jours festins, bal, concert vocal. On y boit du vin de champagne à la santé de M. le duc du Maine et du roi d'Espagne. C'est vous qui payez. Aussi y souhaite-t-on tout haut votre mort et l'extinction de votre race. Pardieu! M. de Chanlay se trouvera là en pays de connaissances, et à son aise comme le poisson dans l'eau. Ah! plaignez-le, Monseigneur, car il est bien à plaindre, le pauvre jeune homme.

— Oui, c'est cela, dit le duc, enchanté de trouver un terme moyen ; et puis nous verrons plus tard, d'après les révélations de la Bretagne...

Dubois éclata de rire.

— Les révélations de la Bretagne! Ah! pardieu! Monseigneur, dit-il, je serais curieux de savoir ce que vous apprendront ces révélations que vous n'ayez appris de la bouche même du chevalier. Vous n'en savez pas encore assez, Monseigneur? Peste! si c'étai tmoi, j'en saurais trop.

— Aussi, n'est-ce pas toi, l'Abbé.

— Hélas! malheureusement, non, Monseigneur; car si j'étais le duc d'Orléans régent, je me serais déjà fait cardinal... Mais ne parlons pas de cela; la chose viendra en temps et lieu, je l'espère. D'ailleurs, je crois que j'ai trouvé un moyen de dénouer l'affaire qui vous inquiète.

— Je me défie de tes moyens, l'Abbé, je t'en avertis.

— Attendez donc, Monseigneur. Vous ne tenez au chevalier que parce que votre fille y tient!

— Après?

— Eh bien! mais si le chevalier payait d'ingratitude sa fidèle amante, heim? la jeune personne est fière, elle renoncerait d'elle-même à son Breton; ce serait bien joué cela, ce me semble.

— Le chevalier cesser d'aimer Hélène, elle, un ange, impossible!

— Il y a bien des anges qui ont passé par là, Monseigneur, puis la Bastille fait et défait tant de choses, et on s'y corrompt si vite, surtout dans la société qu'il y trouvera.

— Eh bien, nous verrons; mais pas une démarche sans mon consentement, Dubois.

— Ne craignez rien, Monseigneur; pourvu que ma petite politique aille son train, je vous promets de laisser bourgeonner toute votre petite famille.

— Mauvais drôle, dit le régent en riant, tu rendrais, sur mon honneur, Satan ridicule.

— Allons donc! voilà enfin que vous me rendez justice. Voulez-vous profiter de cela, Monseigneur, pour examiner avec moi les pièces que l'on m'envoie de Nantes. Cela vous affermira dans vos bonnes dispositions.

— Oui; mais auparavant fais-moi venir madame Desroches.

— Ah! c'est juste.

Dubois sonna, et transmit l'ordre du régent.

Dix minutes après, madame Desroches entra humble et craintive; mais au lieu de l'orage qu'elle attendait, elle reçut cent louis et un sourire.

— Je n'y comprends plus rien, dit-elle; décidément il paraît que la jeune personne n'était pas sa fille.

III

En Bretagne.

Il faut maintenant que nos lecteurs nous permettent de jeter un coup-d'œil en arrière ; car nous avons, pour nous occuper des héros principaux de notre histoire, laissé en Bretagne des personnages qui méritent un certain intérêt. D'ailleurs, ils ne se recommandent pas comme ayant pris une part très active au roman que nous écrivons ; l'histoire est là qui les évoque de sa voix inflexible ; il faut donc que, pour le moment, nous subissions les exigences de l'histoire.

La Bretagne avait pris, dès la première conspiration, une part active au mouvement imprimé par les bâtards légitimés. Cette province, qui avait donné des gages de sa fidélité aux principes monarchiques, les poussait en ce moment non-seulement jusqu'à l'exagération, mais encore jusqu'à la démence, puisqu'elle préférait le sang adultérin de son roi aux intérêts du royaume, et puisqu'elle poussait son amour jusqu'au crime, ne craignant pas d'appeler à l'aide des prétentions de ceux qu'elle regardait comme ses princes, des ennemis auxquels Louis XIV, pendant soixante ans, et la France pendant deux siècles, avaient fait une guerre d'extermination.

En une soirée, on se le rappelle, nous avons vu paraître les noms principaux qui s'incrivent pour personnifier cette révolte : le régent l'avait caractérisée fort spirituellement en disant qu'il tenait la tête et la queue ; mais il se trompait, il ne tenait réellement que la tête et le corps. La tête, c'était le conseil des légitimés, le roi d'Espagne et son imbécile agent, le prince de Cellamare ; le corps, c'étaient ces hommes, braves et spirituels, qui peuplaient alors la Bastille. Mais ce qu'on ne tenait pas encore, c'était la queue qui s'agitait dans le rude pays de Bretagne, alors comme aujourd'hui si peu habitué aux aventures de cour ; alors comme aujourd'hui si difficile à dompter : la queue armée de dards comme celle du scorpion, et qui était la seule à craindre.

Les chefs Bretons renouvelaient alors le chevalier de Rohan sous Louis XIV, quand on dit le chevalier de Rohan, c'est parce qu'à toute conspiration il faut donner le nom d'un chef. A côté du prince, homme vaniteux et médiocre, et même avant le prince étaient deux autres hommes plus forts que lui, l'un comme exécution, l'autre comme pensée. Ces deux hommes étaient Latréaumont, simple gentilhomme de Normandie, et l'autre Affinius-Vanden-Enden, philosophe hollandais. Latréaumont voulait de l'argent, aussi n'était-il que le bras ; Affinius voulait une république, aussi était-il l'âme. De plus, cette république, il la voulait enclavée dans le royaume de Louis XIV, pour faire un plus grand déplaisir au grand roi qui haïssait les républicains, même à trois cents lieues; qui avait persécuté et fait périr le grand pensionnaire de Hollande, Jean de Will, plus cruel en cela que le stathouder prince d'Orange, qui, en se déclarant ennemi du pensionnaire, vengeait des injures personnelles, tandis que Louis XIV n'avait éprouvé qu'amitié et dévoûment de la part de ce grand homme.

Or, Affinius voulait une république en Normandie, il en faisait nommer protecteur le chevalier de Rohan ; les conjurés Bretons voulaient venger leur province de quelques injures reçues sous la régence, et ils la décrétaient d'abord république, sauf à se choisir un protecteur, dût-il être Espagnol. Toutefois, M. du Maine eût eu beaucoup de chances.

Voici ce qui s'était passé en Bretagne.

Aux premières ouvertures des Espagnols, les Bretons prêtèrent l'oreille. Ils n'avaient point sujet de se mécontenter plus que les autres provinces, mais à cette époque les Bretons n'étaient pas encore ralliés hautement à la nationalité française. C'était pour eux une bonne guerre à faire; ils ne voyaient pas d'autre but. Richelieu les avait sévèrement domptés ; ils ne sentaient plus sa rude main et pensaient à s'émanciper sous Dubois. Ils commencèrent par prendre en haine les administrateurs que leur envoya le régent. Une révolution a toujours commencé par l'émeute.

Montesquiou était chargé de tenir les États ; c'est une charge de vice-roi. On entendait les griefs des peuples et on percevait leur argent. Les États se plaignirent beaucoup, mais ils ne donnèrent pas d'argent, parce que, disaient-ils, l'intendant leur déplaisait. Cette raison parut mauvaise à Montesquiou, homme du vieux régime, accoutumé aux façons de Louis XIV.

— Vous ne pouvez offrir ces plaintes à Sa Majesté, dit-il, sans vous mettre dans l'attitude de la rébellion. Payez d'abord, vous vous plaindrez ensuite; le roi écoutera vos doléances, mais il ne veut pas de vos antipathies contre un homme honoré de son choix.

Le fait est que M. de Montaran, dont la Bretagne croyait avoir à se plaindre, n'avait de tort réel que d'être à cette époque intendant de la province. Tout autre eût déplu comme lui. Montesquiou n'accepta donc pas les conditions, et persista dans la perception du *don gratuit*. Les États persistèrent dans leur refus.

— Monsieur le maréchal, répliqua un député des États, vous oubliez sans doute que votre langage peut convenir à un général qui traite en pays conquis, mais ne saurait être accepté par des hommes libres et investis de priviléges. Nous ne sommes ni des ennemis, ni des soldats : nous sommes citoyens et maîtres chez nous. En compensation d'un service que nous demandons au roi, qui est de nous ôter M. de Montaran, dont le peuple de ce pays n'aime pas la personne, nous accorderons avec plaisir l'impôt qu'on nous demande ; mais si nous croyons voir que la cour veut mettre le gros lot du côté de ses exigences, nous resterons avec notre argent et nous supporterons tant que nous pourrons le trésorier qui nous déplaît.

M. de Montesquiou fit sa moue dédaigneuse, tourna les talons aux députés, qui lui en firent autant, et chacun se retira dans sa dignité.

Seulement le maréchal voulut patienter : il se croyait des dispositions à la diplomatie ; il espérait que des réunions particulières remettraient en ordre ce que le sentiment d'esprit de corps avait si mal à propos embrouillé. Mais la noblesse bretonne est fière. Humiliée d'avoir été ainsi traitée par le maréchal, elle resta chez elle, et ne parut plus aux réceptions de ce seigneur, qui resta seul, fort désappointé, passant du mépris à la colère ; et de la colère aux folles résolutions. C'est là que l'attendaient les Espagnols.

Montesquiou, correspondant avec les

autorités de Nantes, de Quimper, de Vannes, de Rennes, écrivit qu'il voyait bien qu'il avait affaire à des mutins et à des rebelles, mais qu'il aurait le dernier, et que les douze mille hommes de son corps d'armée apprendraient aux Bretons la vraie politesse et la véritable grandeur d'âme.

Les États se réunirent; de la noblesse au peuple, il n'y a qu'un pas en cette province, l'étincelle alluma la poudre, les citoyens s'associèrent. On annonça clairement à M. de Montesquiou que s'il avait douze mille hommes, la Bretagne en renfermait cent mille qui apprendraient à ses soldats avec des pavés, des fourches, des mousquets même, à se mêler de ce qui les regardait, mais pas autre chose.

Le maréchal s'assura qu'il y avait en effet cent mille associés dans la province, et que chacun avait sa pierre ou son arme. Il réfléchit, et les choses en demeurèrent là, fort heureusement pour le gouvernement de la régence. Alors la noblesse se voyant respectée, s'adoucit, et formula très convenablement sa plainte. Mais d'un autre côté, Dubois et le conseil de régence ne voulurent pas se dédire; ils traitèrent cette supplique de manifeste hostile, et s'en servirent à instrumenter.

Après la généralité, le détail arrive. Montaran, Montesquiou, Pontcalec, Talhouet furent les champions qui se battirent réellement entre eux. Pontcalec, homme de cœur et d'exécution, s'était uni aux mécontents de la province, et de ces éléments encore informes, avait fécondé le germe du combat que nous avons examiné.

Il n'y avait plus à reculer ; la collision était imminente, mais la cour ne soupçonnait que la révolte pour l'impôt, elle ne voyait rien de l'affaire d'Espagne. Les Bretons qui minaient sourdement la régence, criaient bien haut: à l'impôt! au Montaran! pour qu'on n'entendît pas le bruit de leur sape et leurs complots anti-patriotiques. Mais l'évènement tourna contre eux; le régent, qui peut passer pour un des plus habiles politiques de son siècle, devina le piège sans l'avoir aperçu. Il se douta que derrière ce fantôme, sous ce grand voile local, il se cachait autre chose ; et pour bien voir cette autre chose, il laissa tomber ou plutôt il enleva le voile. Il retira son Montaran et donna gain de cause à la province. Aussitôt les conspirateurs furent démasqués : tout le monde était satisfait, eux seuls restèrent en vue et engagés ; les autres baissèrent pavillon et demandèrent merci.

Alors Pontcalec et ses amis formèrent le projet que nous connaissons ; ils usèrent de moyens violents pour faire arriver à eux le but vers lequel ils ne pouvaient plus aller, sans être découverts. La révolte n'avait plus de motifs, mais elle avait encore des vestiges fumants. Ne pouvait-on, dans cette cendre, tiède encore, trouver l'étincelle qui rallumerait l'incendie.

L'Espagne veillait, Albéroni, battu par Dubois dans la fameuse affaire de Cellamare, attendait sa revanche, et tout le sang de l'Espagne, tous les trésors préparés pour favoriser le complot de Paris, il n'hésitait pas à les envoyer en Bretagne, pourvu qu'ils fussent employés utilement. Seulement, c'était tard. Il ne le crut pas, et ses agents le trompèrent. Pontcalec se figura que recommencer la guerre était possible ; mais alors la France faisait la guerre à l'Espagne. Il se figura que tuer le régent était chose possible ; mais lui-même et non Chanlay devait faire ce que personne n'eût conseillé au plus cruel ennemi des Français à cette époque.

Il compta sur l'arrivée d'un vaisseau espagnol chargé d'armes et d'argent; le vaisseau n'arriva pas. Il attendait les nouvelles de Chanlay; ce fut La Jonquière qui écrivit, et quel La Jonquière!...

Un soir, Pontcalec et ses amis étaient réunis dans une petite chambre de Nantes, près du vieux château. Leur contenance était triste, irrésolue. Ducouëdic annonça qu'il venait de recevoir un billet par lequel on l'engageait à prendre la fuite.

— J'en ai un pareil à vous montrer, dit Mont-Louis; on me l'a glissé sous mon verre, à table, et ma femme, qui ne s'attendait à rien, a été fort effrayée.

— Moi, dit Talhouet, j'attends et ne crains rien. La province a repris du calme, les nouvelles de Paris sont bonnes. Tous les jours le régent fait sortir de la Bastille quelques-uns des détenus de l'affaire d'Espagne.

— Et moi, Messieurs, dit Pontcalec, je dois vous donner communication, puisque vous en parlez, d'un avis bizarre que j'ai reçu aujourd'hui. Montrez-moi votre billet, Ducouëdic, vous le vôtre, Mont-Louis. Peut-être est-ce la même écriture, peut-être nous tend-t-on un piège.

— Je n'en crois rien, car si l'on nous veut loin, c'est pour que nous échappions à un danger quelconque; or, nous n'avons pas à craindre pour notre réputation; elle n'est pas en jeu. Les affaires de la Bretagne sont terminées pour tout le monde;

votre frère, Talhouet, et votre cousin se sont enfuis en Espagne ; Solduc, Rohan, Kerantec, Sambilly, le conseiller au parlement, ont disparu, pourtant on a trouvé naturelle leur appréhension ; c'est une simple cause de mécontentement qui les chasse. J'avoue que si le billet se répétait, je partirais.

— Nous n'avons rien à craindre, mon ami, dit Pontcalec de même, il faut le dire. Jamais nos affaires n'ont été plus prospères. Voyez : la cour ne se méfie plus de rien, sans quoi nous serions déjà inquiétés. La Jonquière a écrit hier ; il annonce que Chanlay va partir pour la Muette, où le régent vit comme un simple particulier, sans gardes, sans méfiance.

— Cependant vous êtes inquiet, répliqua Ducouëdic.

— Je l'avoue, mais ce n'est pas pour la raison que vous croyez.

— Qu'y a-t-il ?

— Quelque chose de personnel.

— A vous.

— A moi-même, et tenez, je ne saurais le dire à meilleure compagnie, et à des amis plus dévoués, ou qui me connaissent mieux ; si jamais j'étais inquiété, si j'étais mis dans l'alternative de rester ou de fuir pour échapper à un danger,... Eh bien, je resterais, savez-vous pourquoi !

— Non, parlez.

— J'ai peur.

— Vous, Pontcalec, vous! peur! que veulent dire ces deux mots à côté l'un de l'autre.

— Mon Dieu, oui, mes amis, l'Océan est notre sauvegarde ; il n'est pas un de nous qui ne trouve son salut sur une de ces mille embarcations qui croisent sur la Loire, de Paimbœuf à Saint-Nazaire ; mais ce qui pour vous est salut, pour moi est mort certaine.

— Je ne vous comprends pas, dit Talhouet.

— Vous m'effrayez, dit Mont-Louis.

— Écoutez donc, mes amis, dit Pontcalec.

Et il commença, au milieu de la plus religieuse attention, le récit suivant: car on savait que, pour que Pontcalec eût peur, il fallait que la chose en méritât la peine.

IV

La Sorcière de Savenay.

J'avais dix ans, et je vivais à Pontcalec, au milieu des bois, lorsqu'un jour que nous avions résolu, mon oncle Crysogon, mon père et moi, d'aller faire une furetée de lapins à une garenne distante de cinq ou six lieues, nous trouvâmes sur la bruyère une femme assise, et qui lisait. Si peu de nos paysans savent lire, que cette circonstance nous étonna fort. Nous nous arrêtâmes, en conséquence, devant elle pour la regarder. Je la vois encore comme si c'était hier, quoiqu'il y ait près de vingt ans de cela. Elle portait le costume noir de nos Bretonnes, avec la coiffe blanche, et était assise sur une grosse gerbe de genêts en fleur qu'elle venait de couper.

De notre côté nous étions disposés ainsi : mon père était monté sur un beau cheval bai-brun à crinière dorée, mon oncle sur un cheval gris, jeune, vif et ardent, et moi sur un de ces petits poneys blancs qui joignent aux ressorts d'acier de leurs jarrets, la douceur de la brebis blanche comme eux.

La femme leva les yeux de dessus son livre et nous aperçut groupés devant elle et la regardant avec curiosité.

En me voyant ferme sur mes étriers, près de mon père qui paraissait fier de moi, cette femme se leva tout à coup et s'approchant de moi :

— Quel dommage ! dit-elle.

— Que signifie cette parole ? demanda mon père.

— Elle signifie que je n'aime pas ce petit cheval blanc, répondit la femme aux genêts.

— Et pourquoi cela ? la mère.

— Parce qu'il portera malheur à votre enfant, sire de Pontcalec.

Nous sommes superstitieux, nous autres Bretons, vous le savez. De sorte que mon père, qui pourtant, vous le savez encore, Mont-Louis, était un esprit ferme et éclairé, s'arrêta malgré les instances de mon oncle Crysogon, qui l'invitait à se remettre en marche, et, tremblant à l'idée qu'il pourrait m'arriver quelque malheur, ajouta :

— Cependant ce cheval est doux, bonne femme, et Clément le manie très bien pour son âge. Moi-même, j'ai souvent monté cette bonne petite bête pour me promener dans le parc, et ses allures sont d'une égalité parfaite.

— Je ne comprends rien à tout cela, marquis de Giers, répondit la bonne femme ; seulement le bon petit cheval blanc fera du mal à votre Clément : c'est moi qui vous le dis.

— Et comment pouvez-vous savoir cela?

— Je le vois, répondit la vieille avec un accent singulier.

— Mais quand cela? demanda mon père.

— Aujourd'hui-même.

Mon père pâlit, moi-même j'eus peur. Mais mon oncle Crysogon, qui avait fait toutes les guerres de Hollande, et qui était devenu esprit fort en se battant contre les huguenots, se mit à rire à se renverser de cheval.

— Parbleu! dit-il, voilà une bonne

femme qui bien certainement s'entend avec les lapins de Savenay. Que dis-tu de cela, Clément? Ne veux-tu pas retourner à la maison et te priver de la chasse?

— Mon oncle, répondis-je, j'aime mieux continuer ma route avec vous.

— C'est que te voilà tout pâle et tout singulier. Aurais-tu peur, par hasard!

— Je n'ai pas peur, répondis-je.

Je mentais, car je sentais en moi-même un certain frémissement qui ressemblait fort au sentiment que je tentais de dissimuler.

Mon père m'a avoué depuis que sans ces paroles de son frère qui lui causèrent une fausse honte, et mes paroles à moi qui chatouillèrent son amour-propre, il m'eût ou renvoyé à pied à la maison ou fait donner le cheval d'un de ses gens : mais quel mauvais exemple pour un enfant de mon âge et surtout quel sujet de raillerie pour le vicomte mon oncle.

Je restai donc sur le poney blanc : deux heures après nous étions à la Garenne et la chasse commença.

Tout le temps que dura la chasse, le plaisir nous fit oublier la prédiction : mais la chasse terminée, quand nous nous retrouvâmes, mon père, mon oncle et moi.

— Eh bien! Clément, me dit mon oncle, te voilà encore sur ton poney! Diable, tu es un garçon hardi.

Je me mis à rire et mon père aussi. En ce moment nous traversions une lande aussi plate et aussi unie que le carreau de cette chambre. Pas d'obstacle à franchir, aucun objet capable d'effrayer des chevaux. Au même instant, néanmoins, mon poney fait en avant un bond qui m'ébranle; puis il se cabre violemment et m'envoie à quatre pas rouler sur le sable. Mon oncle se mit à rire; quant à mon père, il devint aussi pâle que la mort; pour moi je ne bougeai pas. Mon père sauta en bas de son cheval et me releva; j'avais la jambe cassée.

Dire la douleur de mon père et les cris de nos gens, cela serait encore possible; mais quant au morne désespoir de mon oncle, il fut inexprimable : agenouillé près de moi, me déshabillant d'une main tremblante, me couvrant de caresses et de pleurs, il ne disait pas un mot qui ne fut une fervente prière, et pendant tout le trajet, mon père fut obligé de le consoler et de l'embrasser; mais à toutes ces caresses et à toutes ces consolations, il ne répondait rien.

On fit venir le meilleur chirurgien de Nantes, lequel me déclara en grand péril. Mon oncle demandait pardon toute la journée à ma mère, et l'on remarqua que pendant tout le temps que dura ma maladie, il avait entièrement changé de genre de vie : au lieu de boire et chasser avec les officiers, au lieu de faire sur son lougre amarré à Saint-Nazaire les belles parties de pêche dont il était si grand amateur, il ne quittait plus mon chevet.

La fièvre dura six semaines, et la maladie près de quatre ; mais enfin je fus sauvé : je ne conservai même aucune trace de l'accident. Lorsque je sortis pour la première fois, mon oncle m'accompagna, en me donnant le bras ; mais lorsque la promenade fut finie, il prit, les larmes aux yeux, congé de nous.

— Eh ! où allez-vous donc, Crysogon, lui demanda mon père tout étonné ?

— J'ai fait vœu, répondit cet excellent homme, si notre enfant échappait à la mort, de me rendre chartreux, et je vais exécuter cette promesse.

Alors ce fut un autre désespoir; mon père et ma mère jetèrent les hauts cris. Je me pendis au cou de mon oncle pour le décider à ne pas nous quitter; mais le vicomte était de ces hommes qui ne reculent jamais devant les paroles engagées et les vigoureuses résolutions; les prières de mon père et de ma mère furent vaines, et il resta inébranlable.

— Mon frère, dit-il, je ne savais pas que Dieu daignât quelquefois se révéler aux hommes par des actes mystérieux. J'ai douté, je dois être puni. D'ailleurs je ne veux pas que mon plaisir en cette vie me prive d'un salut éternel.

A ces mots, le vicomte nous embrassa, mit son cheval au galop et disparut; puis il se renferma dans la chartreuse de Morlaix. Deux ans après, les jeûnes, les macérations et les chagrins avaient fait de ce bon vivant, de ce joyeux compagnon, de cet ami dévoué, un cadavre anticipé et presque insensible. Enfin, au bout de trois ans de retraite, il mourut me laissant tous ses biens.

— Diable! voilà une effrayante histoire, dit Ducouëdic en souriant; mais elle a son bon et son mauvais côté, et la vieille avait oublié de te dire que ta jambe cassée doublerait ta fortune.

— Ecoutez! dit Pontcalec, plus grave et plus sérieux que jamais.

— Ah! ah! ce n'est point encore fini? dit Talhouet.

— Nous sommes au tiers seulement.

— Continue ; nous écoutons.

Vous avez tous entendu parler de l'étrange mort du baron de Caradec, n'est-ce pas ?

— Oui, notre ancien camarade de collège de Rennes, dit Mont-Louis, que l'on a trouvé assassiné il y a dix ans dans la forêt de Châteaubriant.

— C'est cela. Ecoutez ; mais faites attention que ceci est un secret qui, jusqu'à présent n'a été connu que de moi seul, et qui désormais ne doit être connu que de moi et de vous.

Les trois Bretons, qui d'ailleurs prenaient un grand intérêt au récit de Pontcalec, lui promirent que le secret qu'il allait leur confier leur serait sacré.

— Eh bien ! dit Pontcalec, cette grande amitié de collége dont parle Mont-Louis avait subi entre Caradec et moi quelque altération, à propos d'une rivalité. Nous aimions la même femme, et j'étais le préféré.

Un jour j'avais décidé d'aller chasser le daim dans la forêt de Châteaubriant. Dès la veille j'avais fait partir mes chiens et mon piqueur qui devait détourner l'animal, et moi-même je m'acheminais à cheval vers le rendez-vous, lorsque sur la route je vis marcher devant moi un énorme fagot; cela ne m'étonna point, vous savez que c'est l'habitude que nos paysans portent sur leur dos des fagots plus gros et plus grands qu'eux, de sorte qu'ils disparaissent derrière leur charge, qui semble alors, quand on les regarde de loin et qu'ils vous devancent, marcher toute seule. Bientôt le fagot qui me précédait s'arrêta; une bonne vieille, en se tournant de mon côté, dessina son profil, et, se faisant un point d'appui de sa charge même, se redressa sur le revers de la route. A mesure que j'approchais, mes yeux ne pouvaient se détacher de la bonne femme; enfin, longtemps avant que je fusse arrivé devant elle, j'avais reconnu la sorcière qui m'avait, sur la route de Savenay, prédit que mon petit cheval blanc me porterait malheur.

Mon premier mouvement, je l'avoue, fut de prendre un autre chemin afin d'éviter la prophétesse de malheur, mais elle m'avait déjà aperçu, et il me sembla qu'elle m'attendait avec un méchant sourire. J'avais dix ans de plus que lorsque sa première menace m'avait fait frissonner. J'eus honte de reculer et je continuai mon chemin.

— Bonjour, vicomte de Pontcalec, me dit-elle, comment se porte le marquis de Quer.

— Bien, bonne femme, lui répondis-je, et je serai assez tranquille sur sa santé jusqu'au moment où je le reverrai, si vous m'assurez qu'il ne lui arrivera rien pendant mon absence.

— Ah! ah! dit-elle en riant, vous n'avez

pas oublié la lande de Savenay. Vous avez bonne mémoire, vicomte ; mais cela n'empêche pas que si je vous donnais aujourd'hui un bon conseil, vous ne le suivriez pas plus que la première fois. L'homme est aveugle.

— Et quel est ce conseil? voyons.

— C'est de ne pas aller à la chasse aujourd'hui, vicomte.

— Et pourquoi cela ?

— C'est de retourner à Pontcalec sans faire un pas de plus.

— Je ne puis. J'ai donné à quelques amis rendez-vous à Châteaubriant.

— Tant pis, vicomte, tant pis, car il y aura du sang versé à cette chasse.

— Le mien.

— Le vôtre et celui d'un autre.

— Bah! vous êtes folle.

— C'est ce que disait votre oncle Crysogon. Comment va-t-il votre oncle Crysogon?

— Ne savez-vous pas qu'il est mort voilà bientôt sept ans, à la chartreuse de Morlaix.

— Pauvre cher homme! dit la bonne femme; il était comme vous, il a été longtemps sans vouloir croire; mais enfin, il a cru; seulement c'était trop tard.

Je frissonnais malgré moi; mais une mauvaise honte me disait au fond du cœur qu'il était lâche à moi de céder à de pareilles craintes, et que sans doute le hasard seul avait réalisé la première prédiction de la prétendue sorcière.

— Ah! je vois bien qu'une première expérience ne vous a pas rendu plus sage, mon beau jeune homme, me dit-elle. Eh bien! allez à Châteaubriant, puisque vous le voulez à toute force; mais au moins renvoyez à Pontcalec ce beau couteau de chasse si brillant.

— Et avec quoi monsieur coupera-t-il le pied du daim? dit mon domestique, qui me suivait.

— Avec votre couteau dit la vieille.

— Le daim est un animal royal, répondit le domestique, et il veut avoir le jarret coupé avec un couteau de chasse.

— D'ailleurs, repris-je, n'avez-vous pas dit que mon sang coulerait ; cela veut dire que je serai attaqué, et si l'on m'attaque, il faut bien que je me défende.

— Je ne sais pas ce que cela veut dire, reprit la vieille ; mais ce que je sais, c'est qu'à votre place, mon beau gentilhomme, j'écouterais la pauvre vieille ; que je n'irais pas à Châteaubriant, et que si j'y allais, ce serait après avoir renvoyé mon couteau de chasse à Pontcalec.

— Est-ce que monsieur le vicomte écoutera cette vieille sorcière ? me dit mon domestique, qui sans doute avait peur d'être chargé de rapporter à Pontcalec l'arme fatale.

Si j'avais été seul, je serais revenu ; mais devant mon domestique, étrange faiblesse de l'homme ! je ne voulus pas avoir l'air de reculer.

— Merci, ma bonne femme, lui dis-je ; mais je ne vois véritablement dans ce que vous me dites aucune raison de ne pas aller à Châteaubriant. Quant à mon couteau de chasse, je le garde. Si je suis attaqué par hasard, il me faut bien une arme pour me défendre.

— Allez-donc, et défendez-vous, dit la vieille en branlant la tête ; on ne peut fuir sa destinée.

Je n'en entendis pas davantage; car j'avais mis mon cheval au galop; cependant, au moment d'entrer dans un coude du chemin, je me retournai, et je vis la bonne femme, qui, ayant chargé son fagot, avait lentement repris sa route.

Je tournai le coude et la perdis de vue.

Une heure après, j'étais dans la forêt de Châteaubriant, et je vous rejoignais, Mont-Louis et Talhouet; car vous étiez tous les deux de cette partie.

— Oui, c'est vrai, dit Talhouet, et je commence à comprendre.

— Moi aussi, dit Mont-Louis.

— Mais moi, je ne sais rien, dit Ducouëdic. Continuez donc, Pontcalec, continuez.

— Nos chiens lancèrent le daim, et nous nous lançâmes, nous, sur leur trace ; mais nous ne chassions pas seuls dans la forêt, et l'on entendait au loin le bruit d'une autre meute, qui allait se rapprochant de nous. Bientôt nos deux chasses se croisèrent, et quelques-uns de mes chiens se trompant de voie partirent sur celle du daim chassé par la meute rivale. Je m'élançai après les chiens pour les rompre, ce qui m'éloigna de vous autres, qui suiviez la partie de la meute qui n'avait pas fait défaut. Mais quelqu'un m'avait prévenu : j'entendis mes chiens hurler sous les coups de fouet qu'on leur distribuait. Je redoublai de vitesse, et trouvai le baron de Caradec qui frappait sur eux à coups redoublés. Je vous ai dit qu'il y avait entre nous quelques motifs de haine; cette haine ne demandait qu'une occasion pour éclater en effets. Je lui demandai de quel droit il se permettait de frapper mes chiens. Sa réponse fut plus hautaine encore que ma demande. Nous étions seuls; nous avions vingt ans; nous étions rivaux, nous nous haïssions; chacun de nous avait une arme au côté; nous tirâmes nos couteaux de chasse, nous nous précipitâmes l'un sur l'autre, et Caradec tomba de son cheval, percé de part en part.

Vous dire ce qui se passa en moi lorsque je le vis tomber et se tordre sur la terre qu'il ensanglantait dans les douleurs de l'agonie serait chose impossible. Je piquai mon cheval des deux et pointai comme un fou à travers la forêt. J'entendais sonner l'hallali du daim et j'arrivai un des premiers. — Seulement je me rappelle, vous le rappelez-vous, Mont-Louis? que vous me demandâtes d'où venait que j'étais si pâle.

— C'est vrai, dit Mont-Louis.

— Alors je me souvins du conseil de la sorcière et me reprochai bien amèrement de ne pas l'avoir suivi : ce duel solitaire et mortel me semblait quelque chose de pareil à un assassinat. Nantes et ses environs m'étaient devenus insupportables, car tous les jours j'entendais parler de ce meurtre de Caradec; il est vrai que personne ne me soupçonnait, mais la voix secrète de mon cœur criait si fort, que vingt fois je fus sur le point de me dénoncer moi-même.

Ce fut alors que je quittai Nantes et que je fis le voyage de Paris, non sans avoir cherché à revoir la sorcière; mais je ne connaissais ni son nom ni sa demeure, et je ne pus la retrouver.

—C'est étrange, dit Talhouet. Et depuis, l'as-tu revue, cette sorcière?

— Attends, attends donc, dit Pontcalec, car voici la chose terrible. Cet hiver, ou plutôt l'automne dernier, — je dis hiver, parce qu'il neigeait ce jour-là, bien que nous ne fussions encore qu'en novembre, — je revenais de Guer, et j'avais ordonné halte à Pontcalec-des-Aulnes, après une journée pendant laquelle j'avais chassé avec deux de mes fermiers la bécassine au marais. Nous arrivâmes transis de froid au rendez-vous, et nous trouvâmes un grand feu et un bon souper préparés.

En entrant et pendant que je recevais les saluts et les compliments de mes gens, j'aperçus dans le coin de l'âtre une vieille femme qui semblait dormir. Un large manteau de laine grise et noire enveloppait le fantôme.

— Qui est-là! demandai-je au fermier d'une voix altérée, et en frémissant malgré moi.

— Une vieille mendiante que je ne connais pas et qui a l'air d'une sorcière, me dit-il; mais elle était exténuée de froid, de fatigue et de faim. Elle m'a demandé l'aumône, je lui ai dit d'entrer, et je lui ai donné un morceau de pain qu'elle a mangé en se chauffant; après quoi elle s'est endormie.

La figure fit un mouvement dans le coin de la cheminée.

— Que vous est-il donc arrivé, monsieur le marquis! demanda la femme du fermier, que vous êtes tout mouillé, et que vos vêtemens sont souillés de boue jusque sous les épaules?

— Il y a, ma bonne Martine, répondis-je, que vous avez failli vous chauffer et dîner sans moi; quoique voux ayez allumé ce feu, et préparé ce repas à mon intention.

— Vraiment ! s'écria la bonne femme effrayée.

— Oh ! monsieur a manqué périr, dit le fermier.

— Et comment cela ? Jésus Dieu ! mon bon seigneur.

— En terre, tout vivant, ma chère Martine. Vous connaissez vos marais, ils sont pleins de tourbières ; je me suis aventuré sans sonder le terrain, et tout-à-coup, ma foi, j'ai senti que j'enfonçais bel et bien, de sorte que, sans mon fusil que j'ai mis en travers et qui a donné le temps à votre mari d'arriver et de me tirer d'affaire, je me noyais dans la boue, ce qui est non-seulement une cruelle, mais bien pis que cela, une sotte mort.

— Oh! monsieur le marquis, dit la fermière, au nom de votre famile, ne vous exposez pas ainsi.

— Laissez-le faire, laissez-le faire, dit d'une voix sépulcrale l'espèce d'ombre accroupie dans le coin de la cheminée... Il ne mourra pas ainsi ; je le lui prédis.

Et rabattant lentement la coiffe de sa mante grise, la vieille mendiante me montra le visage de cette femme qui, la première fois sur la route de Savenay, la seconde sur celle de Châteaubriant, m'était apparue pour me faire de si tristes prédictions.

Je restai immobile et comme pétrifié.

— Vous me reconnaissez, n'est-ce pas! me dit-elle sans s'émouvoir.

Je baissai la tête en signe d'assentiment, mais sans avoir le courage de répondre. Tout le monde faisait cercle autour de nous.

— Non, non, continua-t-elle, rassurez-vous, marquis de Guer, vous ne mourrez pas ainsi.

— Et comment le savez-vous ! balbutiai-je, avec la certitude intérieure qu'elle le savait.

— Je ne puis vous le dire, car je l'ignore moi-même ; mais vous savez bien que je ne me trompe pas.

— Et comment mourrai-je ? demandai-je en rappelant toutes mes forces pour lui faire cette question, et tout mon sang-froid pour écouter sa réponse.

— Vous mourrez par la mer, marquis, me répondit-elle.

— Comment cela ! demandai-je, et que voulez-vous dire ?

— J'ai dit ce que j'ai dit, et ne puis m'expliquer davantage ; seulement, marquis, c'est moi qui vous le dis, défiez-vous de la mer.

Tous mes paysans s'entre-regardèrent d'un air effrayé ; quelques-uns marmottèrent des prières, d'autres firent le signe de la croix. Quant à la vieille, elle se retourna dans son coin, recouvrit sa tête de sa mante, et comme si nous eussions parlé aux dolmins de Carnak, elle ne répondit plus une seule parole.

V

L'arrestation.

Peut-être les détails de cette scène s'effaceront-ils un jour de ma mémoire, jamais l'impression qu'elle me produisit. Il ne me resta pas l'ombre d'un doute, et cette prédiction dans l'avenir prit pour moi l'aspect presque palpable d'une réalité. Oui, continua de Pontcalec, dussiez-vous me rire au nez comme le fit mon bon oncle Crysogon, vous ne me ferez pas changer d'avis un instant; et vous ne m'ôterez pas de l'esprit que cette dernière prédiction se réalisera comme les deux autres, et que c'est par la mer que je dois mourir ; aussi je vous le déclare, les avis que nous avons reçus fussent-ils vrais, fussé-je poursuivi par les exempts de Dubois, y eût-il une barque sur le bord du rivage et n'y eût-il qu'à gagner Belle-Isle pour leur échapper, je suis si convaincu que la mer me doit être fatale, et qu'aucun genre de mort n'a de puissance sur moi, que je me remettrais aux mains de ceux qui me poursuivraient en leur disant : « Faites votre métier, messieurs, je ne mourrai pas de votre fait. »

Les trois Bretons avaient écouté en silence cette étrange déclaration qui tirait une certaine solennité de la circonstance dans laquelle on se trouvait.

—Alors, dit Ducouëdic après un instant de silence, nous concevons, mon cher ami, votre admirable courage : le genre de mort auquel vous êtes réservé vous rend indifférent à tout danger qui ne se rapproche pas de lui, mais prenez garde, si l'anecdote était connue, cela pourrait vous ôter de votre mérite, non pas à nos yeux, car nous vous connaissons, nous, bien réellement pour ce que vous êtes, mais les autres diraient que vous vous êtes jeté dans cette conspiration, parce que vous ne pouvez être ni décapité, ni fusillé, ni tué par le poignard, mais qu'il n'en serait pas ainsi si l'on noyait les conspirateurs.

—Et peut-être diraient-ils vrai, répondit Pontcalec en souriant.

— Mais nous, mon cher marquis, reprit Mont-Louis, nous qui n'avons pas les mêmes causes de sécurité, serait-il pas bon que nous fassions quelque attention à l'avis qu'un ami inconnu nous donne, et que nous quittions Nantes ou même la France au plus tôt!

— Mais cet avis peut être faux, dit Poncalec, et je ne crois pas qu'on sache rien de nos projets à Nantes ni ailleurs.

— Et, selon toute probabilité, on n'en saura rien, que Gaston ait terminé son œuvre, dit Talhouet, et alors nous n'aurons plus rien à craindre que l'enthousiasme, et l'enthousiasme ne tue pas. Quant à vous, Pontcalec, n'approchez pas d'un port de mer, ne vous embarquez jamais, et vous serez sûr de vivre aussi vieux que Mathusalem.

La conversation eut continué sur ce ton de plaisanterie, malgré la gravité de la situation, si Pontcalec avait consenti à y mettre la moitié de l'entrain qu'y apportaient ses amis ; mais la sorcière était toujours là devant ses yeux, écartant le capuchon de sa mante, et lui faisant de sa voix sépulcrale la fatale prédiction. D'ailleurs, comme ils en étaient là, plusieurs gentilshommes, avec lesquels ils avaient rendez-vous, et qui faisaient partie de la conspiration, entrèrent par des issues secrètes et sous des costumes différents.

Ce n'était pas qu'on eût beaucoup à craindre de la police provinciale : celle de Nantes, quoique Nantes fût une des plus grandes villes de France, n'était pas organisée de manière à inquiéter fort des conspirateurs qui d'ailleurs avaient dans la localité l'influence du nom et de la position sociale, il fallait donc que le lieutenant de police de Paris, le régent, ou Dubois, envoyassent des espions spéciaux, que le défaut de connaissance des lieux, la différence de l'habit, et même celle de la langue rendait facilement suspects à ceux qu'ils venaient surveiller, et qui, en général, savaient leur présence à l'heure même où ils entraient dans la province, où ils mettaient les pieds dans les villes.

Quoique l'association bretonne fût nombreuse, nous ne nous occuperons que des quatre chefs que nous avons nommés, ces quatre chefs ayant occupé les pages principales de l'histoire, étant les plus considérables de la province, et de noms, de fortunes, de courage et d'intelligence, dominant tous leurs autres compagnons.

On s'occupa beaucoup dans cette séance d'une nouvelle opposition à un édit de Montesquiou, et de l'armement de tous les citoyens bretons en cas de violence du maréchal. Ce n'était rien moins, comme on le voit, que le commencement de la guerre civile. On l'aurait fait en déployant un étendard sacré. L'impiété de la cour du régent et les sacriléges de Dubois en étaient les prétextes et devaient susciter tous les anathêmes d'une province essentiellement religieuse contre un gouvernement si peu digne de succéder, disaient les conspirateurs, au règne si fervent et si sévère de Louis XIV.

Cette levée de boucliers était d'autant plus facile à exécuter que le peuple voulait mal de mort aux soldats qui étaient entrés dans le pays avec une espèce d'insolente confiance. Les officiers, consignés d'abord par le maréchal de Montesquiou, et qui ne participaient pas à la vie agréable des gentilshommes de la province, s'abstenaient, par orgueil et par discipline, de tout rapport avec les mécontents, ce qui devait beaucoup leur coûter à eux-mêmes, attendu qu'à cette époque les officiers étaient frères, par le blason, des gentilshommes qui portaient l'épée comme eux.

Pontcalec déclara donc à ses compagnons de révolte le plan arrêté par le comité supérieur, sans se douter qu'au moment même où il prenait toutes ces mesures pour renverser le gouvernement, la police de Dubois, qui les croyait chez eux, envoyait au domicile de chacun un détachement qui avait l'ordre de cerner la maison, et un exempt qui avait mission de les arrêter. Il en résulta que tous ceux qui avaient pris part au conciliabule, virent de loin briller à leurs portes les baïonnettes et les fusils des gardes, et purent, pour la plupart, prévenus du danger qu'ils couraient, échapper par une prompte fuite ; or, ce n'était pas chose difficile pour eux que de trouver des retraites ; car, comme toute la province était du complot, ils avaient des amis partout; d'ailleurs, riches propriétaires qu'ils étaient, ils furent accueillis par leurs fermiers ; ou par leurs entrepositaires ; une grande partie réussit à gagner la mer, et à passer, soit en Hollande, soit en Espagne, soit en Angleterre, malgré l'amitié que Dubois avait commencé de nouer entre les deux gouvernements.

Quant à Poncalec et à Ducouëdic, à Mont-

Louis et à Talhouet, ils étaient, comme d'habitude, sortis ensemble; mais comme Mont-Louis, dont la maison était la plus proche du lieu d'où ils sortaient, arrivait au bout de la rue où cette maison était située, ils aperçurent des lumières qui couraient à travers les fenêtres des appartements, et une sentinelle qui, le mousquet en travers, barrait la porte.

— Oh! oh! dit Mont-Louis en s'arrêtant et en arrêtant de la main ses compagnons, qu'est-ce que cela, et que se passe-t-il donc chez moi?

— En effet, dit Talhouet, il y a quelque chose de nouveau, et tout à l'heure j'ai cru voir un poste devant l'hôtel de Rouen.

— Comment ne nous as-tu rien dit, demanda Ducouëdic? il me semble cependant que cela en valait bien la peine.

— Ma foi! dit Talhouet, j'ai eu peur de passer pour un alarmiste, et j'ai mieux aimé croire à une patrouille.

—Mais ceci est du régiment de Picardie, murmura Mont-Louis, qui avait fait quelques pas en avant et qui, sur cette remarque, refit le même chemin en arrière.

— Voilà en effet qui est bizarre, dit Pontcalec; mais faisons une chose, ma maison n'est qu'à quelques pas d'ici, prenons par cette ruelle qui y conduit, et si ma maison est gardée comme celle de Mont-Louis, alors il n'y aura plus de doute à avoir, et nous saurons à quoi nous en tenir.

Alors, marchant tous quatre en silence, et serrés les uns contre les autres pour être plus forts en cas d'attaque, ils arrivèrent à l'angle de la rue où demeurait Pontcalec, et virent sa maison non-seulement gardée, mais occupée. Un détachement de vingt hommes repoussait la foule qui commençait à s'attrouper.

— Pour cette fois, dit Ducouëdic, cela passe la plaisanterie, et à moins que le feu n'ait pris par hasard dans toutes nos maisons à la fois, je ne conçois rien à ces uniformes qui se mêlent de nos affaires. Quant à moi, votre serviteur, mes très chers, mais je déménage.

— Et moi aussi, dit Talhouet; je vais

passer à Saint-Nazaire et gagner le Croisic. Si vous m'en croyez, messieurs, vous viendrez avec moi ; je sais là un brick qui va partir pour Terre-Neuve, et dont le capitaine est un de mes serviteurs. Si l'air de terre devient trop mauvais, nous montons à bord, nous filons au large, et vogue la galère !

— Allons, Pontcalec, dit Mont-Louis, oubliez un instant votre sorcière, et venez avec nous.

— Non pas, non pas, dit Pontcalec en secouant la tête, je connais mon avenir de ce côté-là, et je ne me soucie pas d'aller au devant de lui; puis, réfléchissez, messieurs, que nous sommes les chefs, et que c'est un singulier exemple que cette fuite anticipée, sans que nous sachions bien parfaitement encore si un danger réel nous menace. Il n'y a pas la moindre preuve contre nous: La Jonquière est incorruptible. Gaston est intrépide, les lettres que nous avons reçues de lui hier encore, nous disaient que d'un moment à l'autre tout serait fini ; peut-être à cette heure a-t-il frappé le régent et la France est-elle délivrée. Que penserait-on de nous si l'on peut dire qu'au moment où Gaston agissait, nous étions en fuite ; le mauvais exemple de notre désertion gâterait toute l'affaire ici ; faites-y bien attention messieurs, je ne vous donne plus un ordre en chef, mais un conseil de gentilhomme, vous n'êtes donc pas forcés de m'obéir, car je vous délie de votre serment, mais à votre place je ne partirais pas. Nous avons donné l'exemple du dévoûment, le pis qui puisse nous arriver est de donner celui du martyre, mais les choses n'en viendront pas là, je l'espère. Si l'on nous arrête, le parlement de Bretagne nous jugera; or, de quoi se compose le parlement de Bretagne ! de nos amis ou de nos complices; nous sommes plus en sûreté dans la prison dont ils tiennent la clef que sur un brick dont le premier coup de vent fait le destin. D'ailleurs avant que le parlement soit assemblé, la Bretagne tout entière sera soulevée; jugés, nous sommes absous, absous, nous sommes triomphants.

— Il a raison, dit Talhouet, mon oncle, mes frères, toute ma famille, tous mes amis sont compromis avec moi; je me sauverai avec eux tous, ou je mourrai avec eux.

— Mon cher Talhouet, dit Mont-Louis, tout cela est bel est bon; mais s'il faut vous le dire, j'ai plus méchante idée que vous de cette affaire; si nous sommes entre les mains de quelqu'un, c'est entre celles de Dubois. Dubois n'est pas gentilhomme, et par conséquent déteste ceux qui le sont; je n'aime pas ces gens mixtes qui n'appartiennent à aucune classe arrêtée, qui ne sont ni nobles, ni soldats, ni prêtres; j'aimerais mieux un vrai gentilhomme, un soldat ou un frocard, au moins ces gens-là sont soutenus par l'autorité de leur profession, qui est un principe; mais Dubois, il va vouloir faire de la raison d'État; quant à moi, j'en appelle, comme nous avons l'habitude de le faire, à la majorité, et si notre majorité est pour la fuite, je vous l'avoue, je m'enfuirais de grand cœur.

— Et je serais ton compagnon, dit Ducouëdic ; Montesquiou peut être mieux renseigné que nous le croyons, et si c'est Dubois qui nous tient, comme le pense Mont-Louis, nous aurons quelque peine, je crois, à nous tirer de ses griffes.

— Et moi, messieurs, je vous répète, dit Pontcalec, qu'il faut rester ; le devoir des chefs d'une armée est de se faire tuer à la tête de leurs soldats ; le devoir des chefs d'un complot est de se faire tuer à la tête d'une conspiration.

—Mon cher, dit Mont-Louis, permettez-moi de vous le dire, mais votre sorcière vous aveugle. Pour faire croire à la vérité de sa prédiction, vous êtes prêt, le diable m'emporte! à aller vous noyer sans que personne vous y pousse. Je suis moins enthousiaste de pythonisse, je l'avoue, et comme je ne connais pas le genre de mort qui m'est réservé, j'ai sur ce point quelques inquiétudes.

— Vous vous trompez, Mont-Louis, dit gravement Pontcalec, ce qui me retient surtout c'est le devoir. D'ailleurs, si je ne meurs pas à la suite du procès, vous ne mourrez certes pas non plus ; car je suis votre chef, et certes devant les juges, je réclamerai ce titre que j'abjure ici. Si je ne meurs pas de par Dubois, vous ne mourrez pas non plus. Soyons logiques, de par Dieu!

et ne nous sauvons pas comme un troupeau de mouton qui croit sentir le loup. Comment ! nous, des soldats, nous aurions peur de rendre une visite officielle au parlement, car enfin, voilà toute l'affaire : un bon procès, et pas autre chose. Des bancs garnis de robes noires, des sourires d'intelligence de l'accusé au juge et du juge à l'accusé ; c'est une bataille que nous livre le régent, acceptons-la, et lorsque le parlement nous aura absous, nous l'aurons bien autrement battu que si nous avions mis en fuite toutes les troupes qu'il a en Bretagne.

— Avant tout, messieurs, dit Ducouëdic, Mont-Louis vient de faire une proposition, c'est de remettre notre décision à la majorité. J'appuie Mont-Louis.

—C'est juste, dit Talhouet.

— Ce que j'en ai dit, reprit Mont-Louis, ce n'est pas que j'aie peur, mais je ne voudrais pas aller me mettre dans la gueule du loup quand nous pouvons le museler.

—Ce que vous dites là est inutile, Mont-Louis, reprit Pontcalec, nous savons tous quel homme vous êtes ; nous acceptons votre proposition et je la mets aux voix.

Et avec le même calme que Pontcalec formulait ses propositions ordinaires, il formula celle-ci, dont dépendait sa vie et la vie de ses amis :

— Que ceux qui sont d'avis, dit Poncalec, de se soustraire par la fuite au sort équivoque qui nous attend, veuillent bien lever la main.

Ducouëdic et Mont-Louis levèrent la main.

— Nous sommes deux contre deux, dit Mont-Louis, l'épreuve est nulle ; laissons-nous donc aller à notre inspiration.

— Oui, dit Pontcalec, mais vous savez qu'en ma qualité de président j'ai deux voix.

— C'est juste, dirent Mont-Louis et Ducouëdic.

— Que ceux qui sont d'avis de rester lèvent donc la main, dit Pontcalec.

Et lui et Talhouet levèrent la main. Or, comme Pontcalec avait une voix double, ses deux mains, qui comptèrent pour trois, fixèrent la majorité à leur avis.

Cette délibération en pleine rue, et avec cette apparence de solennité, eût pu paraître grotesque si elle n'eût renfermé dans son résultat la question de la vie ou de la mort de quatre des premiers gentilshommes de la Bretagne.

— Allons, dit Mont-Louis, nous avions tort, à ce qu'il paraît, mon cher Ducouëdic ; et maintenant, marquis, ordonnez, nous obéirons.

— Regardez ce que je vais faire, dit Pontcalec, et ensuite vous ferez ce que vous voudrez.

A ces mots il marcha droit à sa maison, et ses trois amis le suivirent. Arrivé devant sa porte, barrée comme nous l'avons dit par un piquet de gardes, il frappa sur l'épaule d'un soldat.

— Mon ami, lui dit-il, appelez votre officier, je vous prie.

Le soldat transmit l'ordre au sergent, qui appela son capitaine.

— Que voulez-vous, Monsieur? demanda celui-ci.

— Je voudrais rentrer chez moi.

— Qui donc êtes-vous?

— Je suis le marquis de Pontcalec.

— Silence! dit l'officier à demi-voix; silence, et taisez-vous; fuyez sans perdre une seconde, je suis ici pour vous arrêter.

Puis tout haut?

— On ne passe pas! cria-t-il en repoussant le marquis, devant lequel se referma la haie de soldats.

Pontcalec prit la main de l'officier, la lui serra, et lui dit :

— Vous êtes un brave jeuue homme! Monsieur ; mais il faut que je rentre chez moi. Merci, et que Dieu vous récompense!

L'officier, tout surpris, fit ouvrir les rangs, et Pontcalec, suivi de ses trois amis, traversa la cour de sa maison. En l'apercevant, sa famille, rangée sur le perron, poussa des cris de terreur.

— Qu'y a-t-il? demanda le marquis avec calme, et que s'est-il donc passé chez moi?

— Il y a, monsieur le marquis, que je vous arrête, dit un exempt de la prévôté de Paris à Pontcalec tout souriant.

— Pardieu! vous avez fait là un bel exploit, dit Mont-Louis, et vous me paraissez encore un habile homme : vous êtes exempt de la prévôté de Paris, et il faut que ce soient ceux que vous êtes chargé d'arrêter qui viennent vous prendre au collet!

L'exempt, tout interdit, salua ce gentilhomme, qui raillait si agréablement dans un moment où tant d'autres eussent perdu la parole, et lui demanda son nom.

— Je suis monsieur de Mont-Louis, mon cher, répondit le gentilhomme, cherchez bien si vous n'avez pas aussi quelque ordre contre moi, et si vous en avez un, mettez-le à exécution.

— Monsieur, dit l'exempt, saluant plus bas à mesure qu'il était plus étonné, ce n'est pas moi, mais mon camarade Duchevron qui est chargé de votre arrestation; voulez-vous que je le prévienne?

— Où est-il? demanda Mont-Louis,

— Mais chez vous, je présume, où il vous attend.

— Je serais fâché de faire attendre plus longtemps un si galant homme, dit Mont-Louis, et je vais aller le trouver. Merci, mon ami.

L'exempt avait perdu la tête et saluait jusqu'à terre.

Mont-Louis serra la main de Pontcalec, de Talhouet et de Ducouëdic, leur dit quelques mots à l'oreille, et partit pour sa maison, où il se fit arrêter comme l'avait fait Pontcalec.

Ainsi en usèrent à leur tour Talhouet et Ducouëdic, si bien qu'à onze heures du soir la besogne était achevée.

La nouvelle de cette arrestation courut la nuit même par toute la ville. Cependant on n'en fut pas encore très effrayé; car, après le premier mouvement, qui était de dire — on a arrêté M. de Pontcalec et ses amis, on ajoutait sur-le-champ

— oui, mais le parlement les absoudra.

Mais le lendemain matin, les esprits et les visages changèrent fort, lorsque l'on vit arriver à Nantes la commission parfaitement constituée et à laquelle rien ne manquait, ainsi que nous l'avons dit déjà, ni président, ni procureur du roi ni secrétaire, ni même bourreaux.

Nous disons bourreaux, parce qu'au lieu d'un, il y en avait trois.

Les gens les plus courageux sont quelquefois frappés de stupeur par les grandes infortunes; celle-ci tomba sur la province avec la puissance et la rapidité de la foudre; aussi la province ne fit-elle pas un mouvement, ne jeta-t-elle pas un cri: on ne se révolte pas contre un fléau ; au lieu d'éclater, la Bretagne expira.

La commission s'installa le jour même de son arrivée, elle fut surprise de ne pas recevoir grand accueil du parlement, ni grande visite de la noblesse. Forte des pouvoirs dont elle était investie, elle devait s'attendre qu'on chercherait à la fléchir, plutôt qu'à l'offenser, mais la terreur était si grande que chacun songeait à soi et se contentait de déplorer le sort des autres.

Voici dans quelles dispositions se trouvait la Bretagne trois ou quatre jours après l'arrestation de Pontcalec, de Mont-Louis, de Ducouëdic et de Talhouet. Laissons cette moitié des conspirateurs embarrassés à Nantes aux liens de Dubois, et voyons ce que Paris faisait des siens à pareille époque.

VI

La Bastille.

Et maintenant, avec la permission du lecteur, il nous faut entrer à la Bastille, ce redoutable séjour que le passant lui-même ne regardait qu'en tremblant, et qui pour ses voisins était une gêne et un épouvantail ; car souvent la nuit les cris des malheureux à qui l'on donnait la torture perçaient les épaisses murailles, traversaient l'espace et arrivaient jusqu'à eux, en leur envoyant de sombres pensées, à tel point que la duchesse de Lesdiguières écrivait un jour de la royale forteresse, que si le gouverneur ne faisait taire les hurlements de ses patiens qui l'empêchaient de dormir, elle s'en plaindrait au roi.

Mais à l'époque de la conspiration espagnole, et sous le règne débonnaire de Philippe d'Orléans, on n'entendait plus ni cris, ni hurlements à la Bastille; d'ailleurs la société y était choisie, et les prisonniers qui l'habitaient à cette heure étaient gens de trop bon goût pour troubler le sommeil des dames.

Dans une chambre de la tour du Coin, au premier étage, un prisonnier avait été renfermé tout seul. La chambre était spacieuse et ressemblait à un immense tombeau éclairé par deux fenêtres ornées d'un luxe inouï de grillage et de barreaux par lesquelles filtrait avaricieusement le jour du dehors ; une couchette peinte, deux chaises de bois grossier, une table noire en composaient tout l'ameublement; quant aux murailles, elles étaient couvertes de mille inscriptions bizarres que le prisonnier allait consulter de temps en temps quand l'ennui l'écrasait de ses ailes pesantes.

Il n'y avait pourtant qu'un jour et une nuit encore que le prisonnier était entré à la Bastille, et déjà il arpentait sa vaste chambre, interrogeant les portes chevillées de fer, regardant par ses grilles, attendant, écoutant, soupirant. Ce jour-là, qui était un dimanche, un pâle soleil argentait les nuages, et le prisonnier voyait avec un sentiment d'indéfinissable mélancolie passer par la porte Saint-Antoine et le long du boulevart, les Parisiens endimanchés. Or, il n'était pas difficile de remarquer que chaque passant regardait la Bastille avec terreur, et semblait intérieurement se féliciter de n'y pas être. Un bruit de verrous et de gonds rouillés tira le prisonnier de cette sombre occupation, il vit entrer l'homme devant lequel on l'avait conduit la veille, et qui lui avait fait signer un procès-verbal d'écrou. Cet homme, âgé de trente ans à peu près, agréable de figure, affable de formes, poli de façons, était le gouverneur, M Delaunay, qui fut père du Delaunay qui mourut à son poste en 89 et qui n'était pas encore né.

Le prisonnier, qui le reconnut, trouva cette visite toute naturelle; il ignorait combien cependant elle était rare pour les prisonniers ordinaires.

— Monsieur de Chanlay, dit le gouverneur en saluant, je viens savoir si vous avez passé une bonne nuit, et si vous êtes satisfait de l'ordinaire de la maison, et des manières des employés. C'était ainsi que M. Delaunay appelait les guichetiers et les porte-clés ; nous avons dit que M. Delaunay était un homme fort poli.

— Oui Monsieur, répondit Gaston, et ces soins pour un prisonnier m'ont même étonné, je vous l'avoue.

— Le lit est vieux et dur, repartit le gouverneur ; mais tel qu'il est, le vôtre est encore des meilleurs, le luxe étant chose formellement interdite par nos réglements. Du reste, Monsieur, votre chambre est la plus belle de la Bastille : elle a été habitée par monsieur le duc d'Angoulême, par monsieur le marquis de Bassompierre, et par les maréchaux du Luxembourg et de Biron. C'est là que je mets les princes quand Sa Majesté me fait l'honneur de m'en envoyer.

— Ils ont un fort beau logement, dit en souriant Gaston, quoique assez mal meublé. Puis-je avoir des livres, du papier et des plumes !

— Des livres, Monsieur, cela est fort défendu ici ; mais si cependant vous avez grande envie de lire, comme on passe beaucoup de choses à un prisonnier qui s'ennuie, vous me faites l'honneur de venir me voir, vous mettez dans votre poche un des volumes que moi, ma femme, laissons traîner ; vous le cachez avec soin à tous les yeux ; dans une seconde visite vous prenez le volume suivant, et à cette petite soustraction, bien pardonnable de la part d'un prisonnier, le réglement n'a rien à voir.

— Et pour du papier, des plumes et de l'encre, dit Gaston, je voudrais surtout écrire.

— On n'écrit pas ici, Monsieur, ou l'on n'écrit qu'au roi, à monsieur le régent, au ministre ou à moi; mais on dessine, et je vous ferai, si vous le voulez, remettre des crayons et du papier à dessin.

— Monsieur, dit Gaston en s'inclinant, veuillez me dire comment je pourrai reconnaître tant d'obligeance.

— En m'accordant à moi-même la demande que je viens vous faire, Monsieur, car ma visite est intéressée; je viens vous demander si vous m'accorderez l'honneur de dîner avec moi aujourd'hui?

— Avec vous, Monsieur ! mais en vérité vous me comblez. De la société ! la vôtre surtout ; je ne puis vous dire combien je suis sensible à tant de courtoisie, et je la reconnaîtrais par une éternelle reconnaissance, si j'avais autre chose d'éternel devant moi que la mort.

— La mort... bon ! Monsieur, vous êtes sinistre ; est-ce que l'on pense à ces choses-là, quand on est bien vivant ; n'y pensez donc plus et acceptez..

— Je n'y pense plus, Monsieur, et j'accepte.

— A la bonne heure ! j'emporte votre parole, dit le gouverneur en saluant de nouveau Gaston, et il sortit, laissant par sa visite le prisonnier plongé dans un nouvel ordre d'idées.

En effet, cette politesse, qui avait tout d'abord charmé le chevalier, lui parut moins franche à mesure que le noir de son cachot l'envahissait comme une ombre, dissipée d'abord par la présence d'un interlocuteur, et qui s'emparait de nouveau de son domaine. Cette courtoisie n'avait-elle pas pour but de lui inspirer de la confiance et de lui donner l'occasion de se trahir et de trahir ses compagnons ! Il se rappelait les chroniques lugubres de la Bastille, les pièges tendus aux prisonniers, et cette fameuse chambre des oubliettes dont on parlait tant surtout à cette époque, où l'on commençait à se permettre de parler de tout, et que personne n'avait jamais vue sans y mourir. Gaston se sentait seul, abandonné; il avait le sentiment que le crime qu'il avait voulu commettre méritait la mort; et on lui prodiguait les avances. Ces avances n'étaient-elles pas trop flatteuses et trop étrangères pour qu'elles ne cachassent point une embûche. Enfin, la Bastille faisait son œuvre habituelle : la prison agissait sur le prisonnier, qui était devenu froid, soupçonneux, inquiet.

« On me prend pour un conspirateur de province, se disait-il en lui-même, et on espère que, prudent dans mes interrogatoires, je serai imprudent dans ma conduite; on ne connaît pas mes complices, on ne peut les connaître et on espère qu'en me donnant des moyens de communiquer avec eux, de leur écrire, ou de prononcer leurs noms par inadvertance, on tirera quelque chose de moi ; il y a du Dubois et du d'Argenson là-dessous. »

Puis, les réflexions lugubres de Gaston ne s'arrêtaient pas là, il songeait à ses amis qui attendaient qu'il eût agi pour agir, et qui, privés de ses nouvelles, n'allaient point savoir ce qu'il était devenu ou qui, chose bien pire encore, sur de fausses nouvelles peut-être, allaient agir et se perdre.

Ce n'était point le tout encore, après ses amis, ou plutôt même avant ses amis, venait sa maîtresse, la pauvre Hélène isolée comme lui, qu'il n'avait pas même pu présenter au duc d'Olivarès, son seul protecteur à venir, et qui lui-même à cette heure était peut-être arrêté, ou enfui. Alors qu'allait devenir Hélène, sans appui, sans soutien, et poursuivie par cet homme inconnu qui avait été la chercher jusqu'au fond de la Bretagne.

Cette idée tourmenta tellement Gaston que, dans un accès de désespoir, il alla se jeter sur son lit, déjà en révolte contre sa prison, maudissant les portes et les barreaux qui le retenaient et frappant du poing les pierres.

En ce moment un grand bruit se fit à sa porte ; Gaston se leva précipitamment, courut au-devant de ce qui arrivait et vit entrer M. d'Argenson avec un greffier; derrière ces deux personnages marchait une escouade imposante de soldats. Gaston comprit qu'il s'agissait d'un interrogatoire.

D'Argenson, avec sa grosse perruque noire, ses gros yeux noirs et ses gros sourcils noirs, ne fit qu'une médiocre impression sur le chevalier : en entrant dans la conspiration, il y avait fait le sacrifice de son bonheur ; en entrant à la Bastille, il avait fait le sacrifice de sa vie. Quand un homme est dans de pareilles dispositions, il est difficile de l'effrayer. D'Argenson lui demanda mille choses auxquelles Gaston refusa de répondre, ripostant par des plaintes aux questions qu'on lui faisait, se tenant pour arrêté injustement, et démandant des preuves afin de voir si l'on en avait : M. d'Argenson se fâcha, et Gaston lui rit au nez comme un écolier.

Alors d'Argenson parla de la conjuration de Bretagne, seul grief qu'il eût encore articulé. Gaston fit l'étonné, écouta l'énumération de ses complices sans donner aucun signe d'adhésion, ni de dénégation; puis lorsque le magistrat eut fini, il le remercia fort poliment d'avoir bien voulu le mettre au courant d'événements qui lui étaient tout-à-fait inconnus. D'Argenson commença à perdre une seconde fois patience, et se mit à tousser, comme c'était son habitude lorsque la colère le prenait.

Puis, comme il avait fait après son premier accès, il passa de l'interrogatoire à l'accusation.

— Vous avez voulu tuer le régent ? dit-il tout-à-coup au chevalier.

— Comment savez-vous celà ? demanda froidement Gaston.

— Il n'importe, puisque je le sais.

— Alors, je vous répondrai comme Agamemnon à Achille : Pourquoi le demander, puisque vous le savez ?

— Monsieur, je ne plaisante pas, dit d'Argenson.

— Ni moi non plus, répondit Gaston ; je cite Racine, voilà tout.

— Prenez garde, Monsieur, dit d'Argenson : vous pourriez vous trouver mal de ce système de défense.

— Croyez-vous que je me trouverai mieux d'avouer ce que vous me demandez?

— Il est inutile de nier un fait qui est à ma connaissance.

— Alors, permettez-moi de vous répéter en vile prose ce que je vous disais tout à-l'heure dans un beau vers : A quoi bon m'interroger sur un projet que vous paraissez connaître mieux que moi ?

— Je veux avoir des détails.

— Demandez à votre police, qui est si bien faite qu'elle lit les intentions jusqu'au plus profond des cœurs.

—Hum! hum! fit d'Argenson avec un accent railleur et froid qui, malgré le courage de Gaston, fit une certaine impression sur lui; que diriez-vous maintenant si je vous demandais des nouvelles de votre ami La Jonquière.

— Je dirais, répondit Gaston en pâlissant malgré lui, que j'espère qu'on n'a pas commis vis-à-vis de lui la même erreur qu'avec moi.

— Ah! ah! dit d'Argenson, à qui le mouvement de terreur de Gaston n'avait point échappé, ce nom vous touche, il me semble. Vous connaissiez beaucoup M. La Jonquière?

— Je le connais comme un ami, à qui

mes amis m'avaient recommandé et qui devait me faire voir Paris.

— Oui, Paris et ses environs ; le Palais-Royal, la rue du Bac, la Muette, n'est-ce pas cela qu'il était surtout chargé de vous faire voir ?

— Ils savent tout, se dit en lui-même Gaston.

— Eh bien ! Monsieur, reprit d'Argenson de son ton goguenard, ne savez-vous pas encore quelque vers de Racine qui puisse servir de réponse à cette question?

— Peut-être en trouverais-je si je savais ce que vous voulez dire ; certes, j'ai voulu voir le Palais-Royal, car c'est une chose curieuse, et dont j'avais beaucoup entendu parler; quant à la rue du Bac, je la connais fort peu, reste la Muette, que je ne connais pas du tout, n'y ayant jamais été.

— Je ne dis pas que vous y ayez été; je dis que le capitaine La Jonquière devait vous y conduire : oserez-vous le nier !

— Ma foi, Monsieur, je ne nierai ni n'avouerai; je vous renverrai tout bonnement à lui, et il vous répondra, si toutefois il juge à propos de le faire.

— C'est inutile, Monsieur, on le lui a demandé, et il a répondu.

Gaston sentit un frisson qui lui traversait le cœur; il était évidemment trahi, mais il était de son honneur de ne rien dire : il garda donc le silence.

D'Argenson attendit un moment la réponse de Gaston ; puis voyant qu'il restait muet :

— Voulez-vous qu'on vous confronte avec le capitaine La Jonquière? demanda-t-il.

— Vous me tenez, Monsieur, répondit Gaston; c'est à vous de faire de moi ce qui vous convient.

Mais tout bas le jeune homme se promettait, si on le confrontait avec le capitaine, de l'écraser sous le poids de son mépris.

—C'est bien, dit d'Argenson ; il me convient, puisque, comme vous le dites, je suis le maître, de vous appliquer pour le moment à la question ordinaire et extraordinaire. Savez-vous ce que c'est, Monsieur! dit d'Argenson en appuyant sur chaque syllabe, savez-vous ce que c'est que la question ordinaire et extraordinaire!

Une sueur froide inonda les tempes de Gaston ; ce n'est pas qu'il craignît de mourir, mais la torture était bien autre chose que la mort : rarement on sortait des mains des bourreaux sans être défiguré ou estropié, et la plus douce de ces alternatives ne laissait pas que d'être fort cruelle pour un jeune homme de vintg-cinq ans.

D'Argenson vit comme à travers un cristal ce qui se passait dans le cœur de Gaston.

— Holà! dit l'interrogateur,

Deux estafiers entrèrent.

— Voici Monsieur qui n'a pas de répugnance, à ce qu'il paraît, pour la question ordinaire et extraordinaire, dit d'Argenson ; qu'on le conduise donc à la chambre.

— C'est l'heure sombre, murmura Gaston, c'est l'heure que j'attendais et qui est venue ; ô mon Dieu ! donnez-moi le courage !

Sans doute Dieu l'exauça ; car, après avoir fait de la tête un signe qui indiquait qu'il était prêt, il s'avança d'un pas ferme vers la porte et suivit les gardes qui marchaient devant lui ; derrière lui venait d'Argenson.

Ils descendirent l'escalier de pierre et

passèrent devant le premier cachot de la tour du Coin; de là, on fit traverser deux cours à Gaston.

Au moment où il passait dans la seconde cour, quelques prisonniers voyant à travers leurs barreaux un gentilhomme beau, bien fait, et vêtu de façon élégante, lui crièrent :

— Holà ! Monsieur, on vous élargit donc, hein ?

Une voix de femme ajouta :

— Monsieur, si l'on vous interroge sur nous, une fois que vous allez être dehors, vous répondrez que nous n'avons rien dit.

Une voix de jeune homme soupira :

— Vous êtes bien heureux, Monsieur, vous allez revoir celle que vous aimez.

— Vous vous trompez, Monsieur, répondit le chevalier, je vais subir la question.

Un silence terrible succéda à ces paroles, puis le triste cortége continua son chemin, puis le pont-levis s'abaissa, on le mit dans une chaise à porteur grillée et fermée à clé, qui le transporta sous bonne escorte à l'Arsenal, séparé seulement de la Bastille par un passage étroit.

D'Argenson avait pris les devants, et attendait déjà son prisonnier dans la chambre des tortures.

Gaston vit une chambre basse dont la

pierre était découverte et dont le carreau suintait l'humidité; aux murs pendaient des chaînes, des colliers, des cordages et d'autres instruments de formes bizarres, des réchauds étaient dans le fond, des croix de Saint-André garnissaient les angles.

— Vous voyez ceci, dit d'Argenson en montrant au chevalier deux anneaux scellés dans les dalles, à six pieds l'un de l'autre et séparés par un banc de bois de trois pieds de haut; ces anneaux sont ceux où l'on attache les pieds et la tête du patient; puis on lui passe ce tréteau sous les reins, de manière à ce que son ventre soit de deux pieds plus haut que la bouche; alors on lui entonne des pots-d'eau qui contiennent deux pintes chacun; le nombre est fixé à huit pour la question ordinaire et dix pour la question extraordinaire. Lorsque le patient refuse d'avaler, on lui serre le nez de sorte qu'il ne peut plus respirer; alors il ouvre la bouche et avale. Cette question, continua d'Argenson de l'air d'un beau parleur qui se dessine dans chaque détail de son récit, cette question est fort désagréable, et cependant je ne voudrais pas dire que je lui préférasse celle des coins. On meurt de toutes deux, mais les coins gâtent et déforment beaucoup le patient ; il est vrai que l'eau détruit la santé pour l'avenir lorsqu'on est absous, mais c'est chose assez rare, vu qu'on parle toujours à la question ordinaire, si on est coupable, et presque toujours à la question extraordinaire même quand on ne l'est pas.

Gaston, pâle et immobile, regardait et écoutait.

— Préférez-vous les coins, chevalier? dit d'Argenson. Holà! les coins; montrez les coins à Monsieur.

Et un bourreau apporta cinq ou six coins encore tachés de sang et aplatis à leurs extrémités superieures par les nombreux coups de maillet qu'ils avaient déjà subis.

— Voyez-vous, continua d'Argenson, voici la façon dont cette torture s'opère : On serre les genoux et les chevilles du patient entre deux plaques de bois de chêne, et cela le plus fort que l'on peut; puis un des hommes que vous voyez là, place un coin, celui-ci, tenez, entre les genoux et le force d'entrer ; puis après celui-là, un autre plus gros. Il y en a huit pour la question ordinaire, et puis deux plus gros pour la question extraordinaire. Et en disant cela, il poussa du pied deux coins énormes. Ces coins-là, chevalier, je vous en préviens, brisent les os comme du verre, et broyent les chairs avec une douleur insupportable.

— Assez! Monsieur, assez! dit Gaston, à moins que vous n'ayez l'intention de doubler le supplice par la description du supplice lui-même. Mais si c'est seulement par obligeance et pour me guider dans mon choix que vous me donnez cette explication, comme vous devez mieux vous y connaître que moi, choisissez, je vous prie, celle des deux tortures qui doit me faire mourir le plus vite, et je vous serai fort reconnaissant.

D'Argenson jeta sur le chevalier un regard dans lequel il ne put cacher l'espèce d'admiration que lui causait la force de volonté du jeune homme.

— Voyons, lui dit-il; parlez, que diable! et on vous tiendra quitte de la question.

— Je ne dirai rien, Monsieur, car je n'ai rien à dire.

— Ne faites pas le Spartiate, croyez moi, on crie beaucoup, mais entre les cris on parle toujours un peu à la torture.

— Essayez, dit Gaston.

L'air ferme et résolu du chevalier, malgré la lutte de la nature, lutte que l'on reconnaissait à sa pâleur et à un léger tremblement nerveux qui l'agitait, donnèrent à d'Argenson la mesure du courage de son prisonnier. Il avait l'habitude de ces sortes de choses, son coup-d'œil le trompait rarement, il vit qu'il ne tirerait rien de Gaston, et cependant il insista encore.

— Voyons, Monsieur, lui dit-il, il en est temps encore, ne nous forcez pas de rien entreprendre sur votre personne.

— Monsieur, dit Gaston, je vous jure devant Dieu qui m'entend, que si vous me mettez à la question, au lieu de parler, je retiendrai mon haleine, et m'étoufferai moi-même si la chose est possible; jugez donc si je céderai aux menaces, résolu que je suis de ne pas céder à la douleur.

D'Argenson fit un signe aux tourmenmenteurs qui s'approchèrent de Gaston ; mais au lieu de l'abattre, l'approche de ces hommes sembla doubler sa force ; avec un sourire calme, il les aida à lui ôter son habit et dégrafa ses manchettes.

— Ce sera donc l'eau ! dit le bourreau.

— L'eau d'abord, répondit d'Argenson.

On passa les cordes dans les anneaux, on approcha les tréteaux, on remplit les vases : Gaston ne sourcilla point.

D'Argenson réfléchissait.

Après dix minutes de réflexion qui durent paraître un siècle au jeune homme.

— Laissez aller Monsieur, dit d'Argenson, avec un grognement de dépit, et reconduisez-le à la Bastille.

VII

Quelle vie on menait alors à la Bastille en attendant la mort.

Gaston était prêt à remercier le lieutenant de police, mais il se retint. En le remerciant, il eût paru avoir peur. Il reprit donc son habit et son chapeau, rajusta ses manchettes, et rentra à la Bastille par le même chemin.

« Ils n'ont pas voulu avoir de procès-verbal de torture envers un jeune gentilhomme, dit Gaston en lui-même, ils se conteront de me juger et de me condamner à mort. »

Mais au moins la menace de la question avait eu un avantage : l'idée de la mort paraissait maintenant simple et douce au chevalier, débarrassée des supplices préliminaires dont M. le lieutenant de police avait pris la peine de lui faire une si exacte description.

Il y a plus, rentré dans sa chambre, il retrouva avec bonheur tout ce qui lui semblait horrible une heure auparavant. Le cachot était gai, la vue délicieuse ; les plus tristes sentences écrites sur les murailles étaient des madrigaux, comparés aux menaces matérielles qu'offraient les parois de la chambre de la question, et il n'y eut pas jusqu'aux geôliers qui parurent à Gaston des gentilshommes de bonne mine en comparaison des bourreaux.

Il y avait une heure à peine qu'il se reposait dans la contemplation de ces objets que la comparaison lui faisait paraître joyeux, lorsque le major de la Bastille vint le chercher suivi d'un porte-clés.

« Je comprends dit Gaston, l'invitation du gouverneur est sans doute un mot d'ordre que l'on donne en pareil cas pour ôter au prisonnier l'angoisse du supplice. Je vais traverser quelque chambre à oubliettes, y tomber et mourir; que la volonté de Dieu soit faite! »

Alors Gaston se leva d'un pas ferme, salua d'un sourire triste la chambre qu'il quittait, suivit le major, et, arrivé aux dernières grilles, s'étonna de n'être pas encore précipité. Plus de dix fois il avait prononcé pendant le trajet le nom d'Hélène, pour mourir en le prononçant; mais aucun accident n'avait suivi cette poétique et amoureuse invocation, et le prisonnier, après avoir tranquillement franchi le pont-levis, entra dans la cour du Gouvernement, puis dans le corps de logis même du gouverneur.

M. Delaunay vint au devant de lui.

— Me donnez-vous votre parole d'honneur, chevalier, dit-il à Gaston, de ne point penser à vous échapper d'ici tout le temps que vous serez chez moi?... bien entendu, ajouta-t-il en souriant, qu'une fois que vous serez reconduit à votre chambre, cette parole n'existe plus, et que c'est à moi alors à prendre mes précautions pour m'assurer la continuation de votre compagnie.

— Je vous donne ma parole, Monsieur, dit Gaston ; mais dans la mesure que vous demandez.

— C'est bien, entrez Monsieur, on vous attend.

Et le gouverneur conduisit Gaston dans un salon très bien meublé quoiqu'à la mode de Louis XIV, qui commençait déjà à vieillir. Gaston fut tout ébloui de voir la société nombreuse et parfumée qui s'y trouvait.

— M. le chevalier Gaston de Chanlay, que j'ai l'honneur de vous présenter, messieurs, dit le gouverneur.

Puis, nommant à son tour chacune des personnes qui se trouvaient là :

— M. le duc de Richelieu.

— M. le comte de Laval.

— M. le chevalier Dumesnil.

— M. de Malezieux.

— Ah ! dit Gaston, souriant et saluant, toute la conspiration de Cellamare.

—Moins monsieur et madame du Maine,

et le prince de Cellamare, dit l'abbé Brigaud en saluant à son tour.

— Ah! Monsieur, dit Gaston d'un ton de reproche; vous oubliez le brave chevalier d'Harmental et la savante mademoiselle de Launay.

— D'Harmental est retenu au lit par sa blessure, dit Brigaud.

—Quant à Mademoiselle de Launay, dit le chevalier Dumesnil, rougissant de plaisir en voyant entrer sa maîtresse, la voici, Monsieur, elle nous fait l'honneur de dîner avec nous.

— Veuillez me présenter, Monsieur, dit Gaston ; entre prisonniers on ne fait pas grandes façons. Je compte donc sur votre obligeance.

Et le chevalier Dumesnil, prenant Gaston par la main, le présenta à mademoiselle de Launay.

Cependant, quelque empire que Gaston eût sur lui-même, il ne pouvait empêcher sa physionomie mobile d'exprimer un certain étonnement.

— Ah! chevalier, dit le gouverneur, je vous y prends, vous avez cru, comme les trois-quarts des Parisiens, que je dévorais mes prisonniers, n'est-ce pas.

— Non, Monsieur, répondit Gaston en souriant, mais j'ai cru un instant, je l'avoue, que l'honneur que je vais avoir de dîner avec vous était remis à un autre jour.

— Comment cela !

— Est-ce votre habitude pour donner de l'appétit à vos prisonniers, Monsieur, répliqua Gaston, de leur faire faire avant le repas la promenade que j'ai...

— Ah ! c'est juste, Monsieur, s'écria mademoiselle de Launay, n'est-ce pas vous tantôt que l'on conduisait à la torture.

— Moi-même, Mademoiselle, répondit Gaston, et croyez qu'il n'aurait fallu rien moins qu'un empêchement aussi grand pour me retenir loin d'une si gracieuse compagnie.

— Ah ! chevalier, dit le gouverneur, de

ces sortes de choses il ne faut pas m'en vouloir : elles ne sont pas dans ma juridiction. Dieu merci ! je suis un militaire et non un juge. Ne confondons pas les armes avec la toge, comme dit Cicéron ; mon affaire à moi est de vous garder, de vous empêcher de vous enfuir, et de vous rendre le séjour de la Bastille le plus agréable possible, pour que vous vous y fassiez remettre, et que vous reveniez de nouveau me désennuyer avec votre société. — L'affaire de maître d'Argenson est de vous faire torturer, de vous faire décapiter, de vous faire pendre, de vous faire rouer, de vous faire écarteler s'il peut, restons chacun dans notre spécialité. — Mademoiselle de Launay, voilà qui nous annonce que nous sommes servis, dit le gouverneur voyant qu'on ouvrait la porte à deux battants.—Voulez-vous prendre mon bras?

— Pardon, chevalier Dumesnil, vous me regardez comme un tyran, j'en suis sûr, mais je suis le maître de la maison, et j'use de mes priviléges. — A table, Messieurs, à table.

— Oh! l'horrible chose que la prison, dit en relevant délicatement ses manchettes, le duc de Richelieu placé entre mademoiselle de Launay et le comte de Laval : esclavage, fers, verroux, lourdes chaînes!

— Vous passerai-je de ce potage aux écrevisses, dit le gouverneur.

—Oui, Monsieur, volontiers, dit le duc; votre cuisinier le fait à merveille, et je suis en vérité fâché que le mien n'ait pas conspiré avec moi. Il aurait profité de son séjour à la Bastille pour prendre des leçons du vôtre.

—Monsieur le comte de Laval, continua le gouverneur, vous avez du vin de Champagne près de vous. N'oubliez pas votre voisine, je vous prie.

Laval se versa d'un air sombre un verre de vin de Champagne et l'avala jusqu'à la dernière goutte.

— Je le tire directement d'Aï, dit le gouverneur.

— Vous me donnerez l'adresse de votre fournisseur, n'est-ce pas? monsieur Delaunay, dit Richelieu; car si le régent ne me fait pas couper mes quatre têtes, je ne veux plus boire que de celui-là…. Que voulez-vous, je m'y suis acoquiné pendant les trois séjours que j'ai faits chez vous, et je suis un animal d'habitude.

— En effet, dit le gouverneur, prenez exemple sur le duc de Richelieu, Monsieur; voilà un de mes fidèles; aussi il a sa chambre ici qu'on ne donne à personne en son absence, à moins qu'il n'y ait tout-à-fait encombrement.

— Ce tyran de régent pourra bien nous forcer de garder chacun la nôtre, dit Brigaud.

— Monsieur l'Abbé, découpez donc ces perdreaux, dit le gouverneur; j'ai toujours remarqué que les hommes d'église excellaient dans ce genre d'exercice.

— Vous me faites honneur, Monsieur, dit Brigaud en plaçant devant lui le plat d'argent où étaient les volatiles indiqués, qu'il se mit à désarticuler immédiatement avec une adresse qui prouvait que M. Delaunay était bon observateur.

— Monsieur le gouverneur, dit le comte de Laval d'une voix farouche à M. Delaunay, pourriez-vous me dire si c'est par votre ordre qu'on est venu me réveiller à deux heures du matin, et m'expliquer ce que veut dire cette persécution.

— Ce n'est pas ma faute, monsieur le comte, mais celle de ces messieurs et de ces dames, qui ne veulent pas absolument demeurer tranquilles, malgré les avis que je leur donne tous les jours.

— Nous ! s'écrièrent tous les convives.

— Mais sans doute, vous, reprit le gouverneur, vous faites, dans vos chambres, mille infractions aux réglemens. On me fait à tout moment des rapports de communication de correspondances, de billets.

Richelieu éclata de rire. Mademoiselle de Launay et le chevalier Dumesnil rougirent jusqu'au blanc des yeux.

— Mais nous parlerons de tout cela au dessert, continua le gouverneur. Monsieur le comte de Laval, je vous offre cette santé... Vous ne buvez pas; monsieur de Chanlay.

— Non, monsieur, j'écoute.

— Dites que vous rêvez. On ne me trompe pas ainsi, moi.

— Et à quoi? demanda Malezieux.

— A quoi voulez-vous que rêve un garçon de 25 ans. On voit bien que vous vous faites vieux, monsieur le poète. A sa maîtresse, pardieu !

— N'est-ce pas, monsieur de Chanlay, continua Richelieu, qu'il vaut mieux avoir la tête séparée du corps, que le corps séparé de l'âme?

— Ah bravo! bravo!. s'écria Malezieux,

joli, charmant, Monsieur le duc, j'en ferai un distique pour madame du Maine.

> Il vaut mieux séparer, n'est-il pas vrai, madame,
> La tête de son corps, que le corps de son âme.

— Que dites-vous de la pensée depuis qu'elle est en vers, monsieur le duc? dit Malezieux.

— Qu'elle vaut un peu moins que lorsqu'elle était en prose, monsieur le poète, dit le duc.

— A propos, interrompit Laval, a-t-on des nouvelles de la cour, et sait-on comment va le roi?

— Messieurs, messieurs, s'écria le gouverneur, pas de politique, je vous en prie. Parlons beaux-arts, poésie, littérature, dessin, guerre, et même Bastille, si vous voulez ; je préfère encore cela.

— Ah! oui, parlons Bastille, dit Richelieu. Qu'avez-vous fait de Pompadour, monsieur le gouverneur?

— Monsieur le duc, j'ai eu le grand regret qu'il m'ait forcé de le mettre au cachot.

— Au cachot? demanda Gaston. Qu'avait donc fait le marquis ?

— Il avait battu son guichetier.

— Depuis quand, dit le duc, un gentilhomme ne peut-il donc plus battre ses gens! demanda Richelieu.

— Les guichetiers sont les gens du roi,

monsieur le duc, répondit en souriant le gouverneur.

— Dites du régent, monsieur, répondit Richelieu.

— La distinction est subtile.

— Mais elle n'en est que plus juste.

— Vous passerai-je de ce Chambertin, Monsieur de Laval? dit le gouverneur.

— Oui, monsieur, si vous voulez boire avec moi à la santé du roi.

— Je ne demande pas mieux, si vous voulez me faire raison à votre tour, en buvant à la santé du régent?

— Monsieur le gouverneur, dit Laval, je n'ai plus soif.

— Je crois bien, dit le gouverneur, vous venez de boire un plein verre de chambertin de la cave même de Son Altesse.

— Comment! de son Altesse; ce chambertin vient du régent !

— Il m'a fait l'honneur de me l'envoyer hier, sachant que parfois vous m'accordiez le plaisir de votre compagnie.

— En ce cas, s'écria Brigaud, en jetant le contenu de son verre sur le parquet, poison que ce chambertin ! *venenum furens.* Passez-moi de votre vin d'Aï, monsieur Delaunay.

— Portez cette bouteille à monsieur l'abbé, dit le gouverneur.

— Oh ! oh ! dit Malesieux, l'abbé jette

son vin sans vouloir le boire! L'Abbé, je ne vous croyais pas si fantastique de la bonne cause.

— Je vous approuve, l'Abbé, dit Richelieu, si le vin est contre vos principes; seulement vous avez eu tort de le jeter : car je le reconnais pour en avoir bu, il vient effectivement des caves du régent, et vous n'en trouverez pas de pareil ailleurs qu'au Palais-Royal. En avez-vous beaucoup, monsieur le gouverneur?

— Six bouteilles seulement.

— Voyez, l'Abbé, quel sacrilége vous avez commis. Que Diable! il fallait le passer à votre voisin, ou le remettre dans la bouteille... C'était sa place et non sur le parquet : *vinum in amphoram*, disait mon pédagogue.

— Monsieur le duc, dit Brigaud, je me permettrai de vous dire une chose ; c'est que vous ne savez pas si bien le latin que l'espagnol.

— Pas mal, l'abbé, dit Richelieu ; mais il y a encore une langue que je sais moins bien que tout cela et que je voudrais apprendre ; c'est le français.

— Bah ! dit Malezieux, ce serait bien long et bien ennuyeux, monsieur le duc, et vous aurez plus court, croyez-moi, de vous faire recevoir de l'Académie.

— Et vous, monsieur le chevalier, dit

Richelieu à Chanlay, parlez-vous aussi l'espagnol!

— Le bruit court que je suis ici, monsieur le duc, répondit Gaston, pour avoir fait abus de cette langue.

— Monsieur, dit le gouverneur, je vous en préviens, si nous retombons dans la politique, je serai forcé de quitter le dîner, quoique nous ne soyons qu'à l'entremets, ce serait fâcheux, car vous seriez trop poli, je le crois, pour rester à table quand je n'y serais plus.

— Alors, dit Richelieu, dites à mademoiselle de Launay de nous parler mathématiques, cela n'effarouchera personne.

Mademoiselle de Launay tressaillit

comme quelqu'un que l'on réveille en sursaut : placée vis-à-vis du chevalier Dumesnil, elle s'était laissée aller avec lui à une simple conversation de regards qui n'avait rien d'inquiétant pour le gouvernement, mais qui en échange rendait très malheureux le lieutenant de la Bastille, Maison-Rouge, lequel était fort amoureux de mademoiselle de Launay, et faisait tout ce qu'il pouvait pour plaire à sa prisonnière, chose à laquelle, malheureusement, comme on l'a vu, le chevalier Dumesnil était parvenu avant lui.

Grâce à l'allocution du gouverneur, le reste du repas fut fort décent à l'endroit de Son Altesse Royale et de son ministre. Les prisonniers pour qui ces réunions tolérées, au reste, par le régent, étaient une grande distraction, prirent sur eux de parler d'autre chose, et Gaston put dire qu'un des dîners les plus charmants et les plus spirituels qu'il eût jamais fait de sa vie, était ce dîner qu'il venait de faire à la Bastille.

D'ailleurs, sa curiosité était vivement excitée. Il était là, en face de personnages dont les noms étaient doublement célèbres par leurs aïeux ou leurs talents; célèbres par la récente illustration que venait de leur donner la conspiration de Cellamare. Au reste, chose rare, tous ces personnages, hommes à la mode, grands seigneurs, poètes ou gens d'esprits, lui parurent à la hauteur de leur réputation.

Lorsque le dîner fut fini, le gouverneur

fit reconduire un à un chaque prisonnier, qui le remercia de sa courtoisie, sans s'apercevoir que malgré la parole donnée les deux chambres contiguës à la salle à manger étaient pleines de gardes, et que pendant le repas les convives étaient si étroitement gardés qu'il leur eût été impossible de se faire passer le moindre billet.

Mais Gaston n'avait pas vu tout cela et demeurait fort interdit. Ce régime d'une prison dont on ne parlait qu'avec effroi. Ce contraste de la scène qui s'était passée deux heures auparavant dans la salle de la torture où l'avait conduit d'Argenson, avec celle qui venait de se passer chez le gouverneur, bouleversait toutes ses idées. Lorsque son tour fut venu de se retirer, il salua M. Delaunay, et, reprenant la conversation où il l'avait laissée le matin, lui demanda s'il ne serait pas possible d'avoir des rasoirs, ces instruments lui paraissant d'une absolue nécessité dans un lieu où l'on voyait si bonne et si élégante compagnie.

— Monsieur le chevalier, dit le gouverneur, vous me voyez au désespoir de vous refuser une chose dont je comprends comme vous la nécessité. Mais il est contre tous les réglements de la maison que les prisonniers se fassent la barbe s'ils n'en ont la permission de M. le lieutenant de police. Passez dans mon cabinet, vous y trouverez du papier, des plumes et de l'encre. Vous lui écrirez, je lui ferai passer la lettre, et je ne doute pas que vous ne receviez bientôt la réponse que vous désirez.

— Mais, demanda le chevalier, ces messieurs avec lesquels je viens de dîner, si bien vêtus et si bien rasés sont donc privilégiés?

— Point du tout; il leur a fallu demander la permission comme vous allez le faire. M. de Richelieu, que vous avez vu si fraîchement coiffé et rasé, est resté un mois barbu comme un patriarche.

— J'ai peine à concilier cette sévérité dans les petits détails avec la réunion pleine de liberté que je viens de voir.

— Monsieur, dit le gouverneur, moi aussi j'ai mes priviléges, mes priviléges qui ne vont pas jusqu'à vous donner des rasoirs, des plumes, et des livres, mais qui me laissent la liberté d'inviter à ma table ceux de mes prisonniers que je désire favoriser, en supposant toutefois, ajouta, en souriant, M. Delaunay, que cette invitation soit une faveur. Il est vrai qu'il m'est enjoint de rendre compte au lieutenant de police des propos qu'ils peuvent tenir contre le gouvernement. Mais en ne leur permettant pas de parler politique, je suis dispensé, comme vous le voyez, de trahir l'hospitalité de ma table en rendant compte de leur conversation.

— Et l'on ne craint pas, Monsieur, demanda Gaston, que cette intimité entre vous et vos pensionnaires n'amène de votre part des indulgences qui ne soient pas dans les intentions du gouvernement?

— Je connais mes devoirs, Monsieur, dit le gouverneur, et je me renferme dans leurs plus strictes limites. Tels que vous avez vu mes convives d'aujourd'hui, et sans qu'un seul songe à se plaindre de moi, ils ont déjà passé de leurs chambres au cachot où l'un d'eux est encore. Les ordres de la cour se suivent et ne se ressemblent pas, Monsieur. Je les reçois, je les accomplis; et mes hôtes, qui savent que je n'y suis pour rien, et qu'au contraire je les adoucis autant qu'il est en mon pouvoir, ne m'en tiennent aucunement rancune. J'espère que vous ferez ainsi, Monsieur, si, ce que je n'ai aucune raison de prévoir d'ailleurs, quelque ordre m'arrivait, qui ne fût pas selon vos désirs.

Gaston sourit avec mélancolie.

— La précaution n'est pas inutile, Monsieur, reprit-il, car je doute qu'on me laisse longtemps jouir du plaisir que j'ai eu aujourd'hui. En tout cas, je vous promets de vous mettre en dehors de tous les tristes événements qui pourraient m'arriver.

— Vous avez sans doute quelque protecteur en cour? demanda le gouverneur.

— Aucun, répondit Gaston.

— Quelque puissance bienfaisante qui veille sur vous?

— Je n'en connais pas.

— Alors, il faut compter sur le hasard, Monsieur.

— Je ne l'ai jamais trouvé bon.

— Raison de plus pour qu'il se lasse de vous être contraire.

— Et puis je suis Breton, ajouta le chevalier, et en Bretagne nous ne croyons qu'en Dieu.

— Prenez que c'est cela que j'ai voulu dire, reprit le gouverneur, lorsque je vous ai parlé du hasard.

Gaston fit sa demande et se retira tout-à-fait charmé des façons et du caractère de M. Delaunay.

VIII

Comment on passait la nuit à la Bastille en attendant le jour.

Déjà, la veille au soir, Gaston s'était informé si les prisonniers pouvaient avoir de la lumière, et le guichetier qu'il avait fait venir à ce sujet lui avait répondu négativement. Lorsque la nuit fut venue, et à cette époque de l'année elle venait de bonne heure, il ne s'informa donc plus de rien, et se coucha tranquillement. Sa visite du matin à la chambre de la torture, lui avait été une grande leçon de philosophie.

Aussi, soit insouciance juvénile, soit force de caractère, soit, plus que tout cela, besoin impérieux de la nature dans une organisation de vingt-cinq ans, s'endormit-il d'un profond sommeil quelque vingt minutes après s'être couché.

Il eût été difficile au chevalier de dire depuis combien de temps il dormait, lorsqu'il fut tout-à-coup réveillé en sursaut par le timbre d'une petite sonnette. Cette sonnette paraissait être dans sa chambre, mais cependant si grands qu'il ouvrit les yeux, il ne voyait ni la sonnette, ni celui qui l'agitait : il est vrai qu'il faisait fort sombre, même le jour, dans la chambre du chevalier, et que la nuit, comme il est facile de le présumer, c'était une bien autre chose encore.

Cependant la sonnette allait son train : sonnant doucement et avec précaution, comme une sonnette discrète et qui a peur d'être entendue. En s'orientant, Gaston crut remarquer que le bruit qu'il entendait venait de sa cheminée.

Il se leva et s'approcha doucement de l'endroit où la sonnette faisait entendre son petit tintement argentin. Il ne s'était pas trompé : le son venait de l'endroit en question.

Comme il était occupé à s'assurer de ce fait, il entendit frapper au plancher sur lequel il marchait. On frappait avec un instrument contondant et des coups suivis, interrompus par des intervalles réguliers.

Il était évident que le bruit de la sonnette et les coups au plancher étaient des signaux, et que ces signaux lui venaient des prisonniers ses voisins.

Pour voir un peu plus clair à ce qu'il allait faire, Gaston alla lever les rideaux de serge verte qui pendaient devant sa fenêtre et qui lui interceptaient les rayons de la lune alors dans son plein. Mais en tirant les rideaux, il aperçut un objet pendu au bout d'une ficelle et qui s'agitait devant ses barreaux.

— Bon, dit-il, il paraît que je vais avoir de l'occupation. Mais chacun à son tour. Il faut de la régularité, en prison surtout. Voyons ce que me veut la sonnette d'abord. C'est elle qui a la priorité.

Et Gaston revint à la cheminée, étendit la main, et sentit bientôt un cordon. Au bout de ce cordon était pendu la sonnette. Gaston tira de son côté; mais la sonnette résista.

— Bon, dit une voix qui arriva à lui, guidée par le tuyau de la cheminée comme par un porte-voix; — bon, vous y êtes.

— Oui, répondit Gaston. Que me voulez-vous?

— Parbleu! ce que je vous veux! je veux causer.

— Très bien, dit le chevalier. Causons.

— N'êtes-vous pas monsieur le chevalier Gaston de Chanlay, avec lequel j'ai eu l'honneur de dîner aujourd'hui chez le gouverneur monsieur Delaunay.

— Justement, monsieur.

— En ce cas, je suis votre serviteur.

— Et moi le vôtre.

— En ce cas, veuillez me dire, monsieur, où en sont les affaires de la Bretagne ?

— Vous le voyez, monsieur, elles en sont à la Bastille.

— Bon, fit la voix, avec un accent dont elle ne pouvait cacher le timbre joyeux.

— Pardon, dit Gaston, mais quel intérêt

avez-vous, monsieur, à ce qui se passe en Bretagne ?

— C'est que, dit la voix, quand les affaires de Bretagne vont mal on nous traite bien, et que lorsqu'elles prospèrent on nous traite mal. Ainsi l'autre jour, à propos de je ne sais quelle affaire qui avait, prétendait-on, des ramifications avec la nôtre, nous avons tous été mis au cachot.

— Ah! diable, fit Gaston en lui-même, si vous ne la savez pas, je la sais, moi.

Puis il ajouta :

— Eh bien! monsieur, rassurez-vous : elles vont mal, et voilà pourquoi nous avons eu l'honneur de dîner ensemble aujourd'hui.

—Eh! monsieur, seriez-vous compromis?

— J'en ai peur.

— Alors, recevez toutes mes excuses.

— C'est moi qui vous prie d'accepter les miennes. Mais j'ai un voisin au-dessous de moi qui s'impatiente, et qui frappe à fendre le plancher, permettez-moi de lui répondre.

— Faites, monsieur, faites ; d'autant plus que si mes calculs topographiques sont exacts, ce doit être le marquis de Pompadour.

— Il ne me sera point facile de m'en assurer.

— Pas si difficile que vous le croyez.

— Et comment cela ?

— Ne frappe-t-il pas d'une façon singulière?

— Oui. Cette façon de frapper cache-t-elle un sens quelconque !

— Sans doute, c'est notre façon de nous entendre entre nous quand nous n'avons pas le bonheur de communiquer directement, comme nous faisons ensemble à cette heure.

— Alors, monsieur, veuillez me donner la clé de la chose.

— Ce n'est pas difficile. Chaque lettre a un rang dans l'alphabet, n'est-ce pas?

— C'est incontestable.

— Il y a vingt-quatre lettres dans l'alphabet.

— Je ne les ai jamais comptées, mais je m'en rapporte à vous.

— Eh bien! un coup pour l'A, deux coups pour le B, trois coups pour le C, ainsi de suite.

— Je comprends; mais comme cette manière de correspondre doit être un peu lente, et que je vois à ma fenêtre une ficelle qui a l'air de s'impatienter, je vais frapper un ou deux coups pour faire comprendre à mon voisin de dessous que je l'ai entendu, et je vais aller à la ficelle.

— Allez, monsieur, allez, je vous en supplie, car si je ne me trompe, cette ficelle est fort importante pour moi. Mais auparavant frappez trois coups au plancher : en langage de Bastille, cela veut dire patience. Le prisonnier attendra alors que vous lui donniez un nouveau signal.

Gaston frappa trois coups avec le pied de sa chaise, et en effet il n'entendit plus de bruit au-dessous de lui.

Il profita de ce moment de répit pour aller à la fenêtre.

Ce n'était pas chose facile que d'atteindre à des barreaux scellés à l'intérieur d'un mur de cinq à six pieds d'épaisseur; mais cependant en approchant la table de la fenêtre, Gaston parvint à s'accrocher d'une main à la grille et à saisir de l'autre la ficelle, ce dont elle se montra fort reconnaissante en s'agitant doucement aussitôt qu'elle sentit qu'on s'occupait d'elle.

Gaston tira à lui le paquet, qui eut quelque peine à passer à travers les barreaux.

Il contenait un pot de confitures et un livre.

Gaston vit qu'il y avait quelque chose d'écrit sur le papier du pot de confitures; mais il ne put lire à cause de l'obscurité.

La ficelle s'agitait toujours aussi gentiment, ce qui voulait dire sans doute qu'elle attendait une réponse.

Gaston se souvint de la leçon de son voisin à la sonnette, prit un balai qu'il avait aperçu dans un coin, et qui servait à épousseter les araignées, et frappa trois coups au plafond.

On se rappelle qu'en langue de Bastille, trois coups voulaient dire patience.

Le prisonnier au paquet entendait probablement cette langue, à ce qu'il paraît, car il retira à lui sa ficelle débarrassée de son chargement.

Gaston revint à la cheminée.

— Hé, monsieur! dit-il.

— Me voilà. Eh bien!

— Eh bien! je viens de recevoir par l'entremise de la ficelle un livre et un pot de confitures.

— N'y a-t-il pas quelque chose d'écrit sur le pot de confitures ou sur le livre?

— Sur le livre, je n'en sais rien; sur le pot de confitures, j'en suis sûr. Malheureusement, je ne puis lire à cause de l'obscurité.

— Attendez, dit la voix, je vais vous envoyer de la lumière.

— Je croyais qu'il était défendu aux prisonniers d'en avoir?

— Oui, mais je m'en suis procuré.

— Faites, monsieur, répondit Gaston; car je suis aussi impatient que vous de voir ce que l'on m'écrit.

Et comme il pensa que la nuit pourrait bien se passer en conversation entre lui et ses trois voisins, et qu'il ne faisait pas chaud dans cette immense chambre, Gaston commença à se rhabiller à tâtons.

Il venait d'achever tant bien que mal sa toilette, lorsqu'il vit sa cheminée s'éclairer peu à peu. La sonnette redescendait de nouveau, soutenue par son cordon; seulement, elle s'était transformée en lanterne.

La transformation s'était faite de la manière la plus simple : la sonnetté avait été retournée de manière à faire récipient; dans le récipient, on avait versé de l'huile, et dans l'huile brûlait une petite mèche.

Gaston, qui n'était pas encore habitué à la vie de prison et aux imaginations qu'on y puise, trouva le moyen si ingénieux, qu'il oublia momentanément le livre et le pot de confitures.

— Monsieur, dit-il à son voisin, pourrais-je sans indiscrétion vous demander comment vous vous êtes procuré les différents objets à l'aide desquels vous avez fabriqué cette veilleuse.

— Rien de plus simple, monsieur, j'ai demandé une sonnette pour appeler quand j'aurais besoin, et on me l'a accordée sans difficulté. Puis j'ai économisé sur l'huile de mes déjeuners et de mes dîners jusqu'à ce que j'en aie une bouteille pleine. J'ai fait des mèches en effilant un de mes mouchoirs. J'ai ramassé un caillou en me promenant dans le préau. J'ai fait de l'amadou avec du linge brûlé. J'ai volé un certain nombre d'allumettes en dînant chez le gouverneur. Enfin, j'ai battu le briquet avec un couteau que je possède et à l'aide duquel j'ai en outre pratiqué le trou par lequel nous correspondons.

— Recevez tous mes compliments, Monsieur, dit Gaston, vous êtes un homme plein d'invention.

— Je vous remercie du compliment, monsieur, mais vous plairait-il maintenant de voir quel est le livre qu'on vous envoie, et ce qu'il y a d'écrit sur le papier du pot de confitures.

— Monsieur le livre est un Virgile.

— C'est cela même, elle me l'avait promis, s'écria la voix avec un accent de bonheur qui étonna le chevalier, lequel ne comprenait pas qu'un Virgile pût être attendu avec tant d'impatience.

— Maintenant, dit le prisonnier à la sonnette, passez je vous prie, Monsieur, au pot de confitures

— Volontiers, dit Gaston; et il lut :

« Monsieur le chevalier,

» J'ai appris par M. le lieutenant du château que vous occupiez la chambre du premier, qui a une fenêtre perpendiculaire à la mienne; entre prisonniers, on se doit aide et secours. Mangez les confitures, et faites passer par votre cheminée le Virgile ci-joint au chevalier Dumesnil, qui n'a, lui, de croisée que sur les cours. »

— C'est bien ce que j'attendais, dit le prisonnier à la sonnette, et j'avais été prévenu au dîner que je devais recevoir ce message.

— Alors vous êtes le chevalier Dumesnil, Monsieur? demanda Gaston.

— Oui, Monsieur; et bien votre serviteur, je vous prie de le croire.

— C'est moi qui suis le vôtre, répondit Gaston en riant; je vous ai l'obligation d'un pot de confitures; croyez que je ne l'oublierai pas.

— En ce cas, Monsieur, veuillez détacher la sonnette et attacher le Virgile en son lieu et place.

— Mais si vous n'avez pas la sonnette, dit Gaston, vous ne pourrez pas lire.

— Oh! ne vous inquiétez pas, monsieur, répondit le prisonnier, je vais fabriquer une autre lanterne.

Gaston, qui s'en rapportait à l'ingéniosité de son voisin, ingéniosité dont il lui avait donné la preuve, ne fit dès-lors aucune difficulté de se rendre à son désir; il prit la sonnette, qu'il déposa sur le goulot d'une bouteille vide, et attacha au cordon le Virgile, dans lequel il avait eu soin de replacer consciencieusement une lettre qui en était tombée. Aussitôt le cordon remonta joyeusement.

C'est incroyable comme en prison tous les objets paraissent doués de vie et de sentiment.

— Merci, Monsieur, dit le chevalier Dumesnil. Et maintenant, si vous voulez répondre à votre voisin de dessous...

— Vous me rendez ma liberté, n'est-ce pas? dit Gaston.

—Oui, moisieur; quoique tout-à-l'heure,

je vous en préviens je ferai un nouvel appel à votre obligeance.

— Tout à vos ordres, monsieur. Vous dites donc, quant aux lettres de l'alphabet?

— Un coup pour A, vingt-quatre coups pour Z.

— Je vous remercie.

Le chevalier frappa avec le manche de son balai un coup sur le plancher, pour prévenir son voisin de dessous qu'il était prêt à entrer en conversation avec lui; lequel voisin, qui sans doute attendait ce signal avec impatience, répondit aussitôt par un autre coup.

Au bout d'une demi-heure de coups

échangés, les deux prisonniers étaient parvenus à se dire ceci :

— Bonsoir, monsieur, comment vous nommez-vous?

— Merci, monsieur; je me nomme le chevalier Gaston de Chanlay.

— Et moi, le marquis de Pompadour.

En ce moment Gaston tourna par hasard les yeux vers la fenêtre, et vit la ficelle qui s'agitait d'une façon convulsive.

Il frappa trois coups rapprochés, en signe d'invitation à la patience, et se retourna vers son prisonnier de la cheminée.

— Monsieur, dit-il à Dumesnil, j'aurai l'honneur de vous faire observer que la ficelle de la fenêtre paraît s'ennuyer prodigieusement.

— Priez-la de prendre patience, monsieur, je suis à elle dans un instant.

Gaston renouvela, à l'endroit du plafond le même manège qu'il venait d'accomplir à l'endroit du parquet.

Puis il revint à la cheminée.

Au bout d'un instant, le Virgile descendit.

— Monsieur, dit le chevalier Dumesnil, ayez la bonté d'attacher le Virgile à la ficelle : c'est lui qu'elle attend.

Gaston eut la curiosité de voir si le chevalier avait répondu à mademoiselle de

Launay. Il ouvrit le Virgile. Il n'y avait pas de lettres dedans, mais quelques mots étaient soulignés au crayon, et Gaston put lire : *meos amores* et *carceris oblivia longa.* Il comprit cette manière de correspondre, qui consistait à prendre dans un livre un chapitre, et à souligner des mots qui, placés à la suite les uns des autres, présentaient un sens. Le chevalier Dumesnil et mademoiselle de Launay avaient choisi, comme tout-à-fait analogue à la circonstance, et comme celui qui pouvait leur fournir le plus de mots en harmonie avec la situation de leur cœur, le quatrième livre de l'*Énéide*, qui traite, comme chacun sait, des amours de Didon et d'Enée.

— Bon, dit Gaston en ouvrant sa fenêtre

et en attachant le Virgile à la ficelle, il paraît que je suis devenu la boîte aux lettres

Puis il poussa un profond soupir en songeant que lui n'avait aucun moyen de correspondre avec Hélène, et que la pauvre enfant ignorait complètement ce qu'il était devenu. Cela lui donna une pitié encore plus profonde pour les amours de mademoiselle de Launay et du chevalier Dumesnil.

Aussi revint-il à la cheminée.

— Monsieur, dit-il, vous pouvez être tranquille; votre réponse est arrivée à bon port.

— Ah! mille fois merci, chevalier, dit Dumesnil; maintenant, encore un mot, et je vous laisse dormir tranquillement.

— Oh! ne vous gênez pas, monsieur; j'ai pris un à-compte; dites donc ce que vous vouliez dire:

— Avez-vous causé avec le prisonnier qui est au-dessous de vous?

— Oui.

— Qui est-il?

— C'est le marquis de Pompadour.

— Je m'en doutais.

— Que vous a-t-il dit encore?

— Il m'a dit bonsoir, et m'a demandé comment je m'appelais; mais il n'a pas eu le temps de me demander autre chose. Cette façon de correspondre est ingénieuse, mais elle n'est pas prompte.

— Il faut percer un trou, et alors vous communiquerez directement comme nous faisons.

— Percer un trou, et avec quoi?

— Je vais vous prêter mon couteau.

— Merci.

— Quand cela ne servirait qu'à vous distraire, ce serait déjà quelque chose,

— Donnez,

— Le voilà.

Et le couteau envoyé par la cheminée tomba aux pieds de Gaston.

— Maintenant voulez-vous que je vous retourne votre sonnette? demanda le chevalier.

— Oui, car demain matin mes gardiens en faisant leur visite s'apercevraient qu'elle me manque, et vous n'avez pas besoin d'y voir clair, je présume, pour reprendre votre conversation avec Pompadour.

— Non, certes.

Et la sonnette, toujours transformée en lanterne, remonta par la cheminée.

— Maintenant, dit le chevalier, il vous faut quelque chose pour boire avec vos confitures, et je vais vous envoyer une bouteille de vin de Champagne.

— Merci, dit Gaston. Ne vous en privez pas pour moi. Je n'en fais pas un cas extrême.

— Alors vous la passerez quand le trou sera fait à Pompadour, qui, sur ce chapitre-là, est tout le contraire de vous. Tenez, la voilà.

— Merci, chevalier.

— Bonne nuit.

— Bonne nuit.

Et le cordon remonta.

Gaston jeta encore un regard vers la fenêtre : la ficelle était couchée, ou, sinon couchée, du moins rentrée chez elle.

— Ah! dit-il en soupirant, la Bastille serait un paradis pour moi si j'étais à la place du chevalier Dumesnil et que ma pauvre Hélène fût à celle de mademoiselle de Launay.

Puis il reprit avec Pompadour une conversation qui dura jusqu'à trois heures du matin, et dans laquelle il lui apprit qu'il allait percer un trou au plancher pour tâcher d'avoir avec lui une communication plus directe.

IX

Un compagnon de Bastille.

Ainsi occupé, le jour de ses interrogatoires, et la nuit de la correspondance de ses voisins, perçant, dans les intervalles, un trou pour communiquer avec Pompadour, Gaston était plus inquiet qu'ennuyé. D'ailleurs il avait découvert une autre source de distractions. Mademoiselle de Launay, qui obtenait tout ce qu'elle désirait du lieutenant Maison-Rouge, pourvu qu'elle demandât les choses qu'elle désirait avec un doux sourire, en avait obtenu du papier et des plumes; elle en avait naturellement envoyé au chevalier Dumesnil, lequel avait partagé son trésor avec Gaston, avec lequel il communiquait toujours, et Richelieu, avec lequel il était parvenu à communiquer. Or, Gaston avait eu l'idée, — les Bretons sont tous plus ou moins poètes, — de faire des vers à Hélène. De son côté, le chevalier Dumesnil en faisait pour mademoiselle de Launay, laquelle en faisait pour le chevalier; si bien que la Bastille était devenue un véritable Parnasse. Il n'y avait que Richelieu qui déshonorait la société en faisant de la prose, et qui par tous les moyens possibles écrivait à ses amis et à ses maîtresses.

Le temps passait donc; et puis d'ailleurs le temps passe toujours, même à la Bastille.

On avait demandé à Gaston s'il serait aise d'assister à la messe, et comme, outre la distraction que la messe devait procurer à Gaston, il était essentiellement et profondément religieux, il avait accepté de grand cœur. Le lendemain du jour où cette proposition lui avait été faite, on vint donc le chercher.

La messe à la Bastille se célébrait dans une petite église, ayant au lieu de chapelles des cabinets séparés, lesquels donnaient par un œil de bœuf sur le chœur, de sorte que le prisonnier ne pouvait voir l'officiant qu'au moment de l'élévation et seulement par derrière. Quant à l'officiant, il ne voyait jamais les prisonniers. On avait imaginé cette façon d'assister au service divin, sous le règne du grand roi, parce qu'un jour un des détenus avait interpellé le prêtre et lui avait fait des révélations publiques.

Gaston vit à la messe monsieur le comte de Laval et monsieur de Richelieu, qui avaient demandé d'assister au service divin, non point comme Gaston par un sentiment religieux, mais à ce qu'il paraissait pour causer ensemble, car Gaston remarqua, qu'agenouillés l'un près de l'autre, ils ne cessaient de chuchotter. Monsieur de Laval paraissait avoir des nouvelles très importantes à communiquer au duc, et de temps en temps le duc jetait les yeux sur Gaston, ce qui prouvait qu'il n'était pas étranger à ces nouvelles.

Cependant comme l'un et l'autre ne lui adressèrent la parole que pour lui faire les politesses d'usage, Gaston se tint sur la réserve et ne leur fit aucune question.

La messe finie, on reconduisit les prisonniers chez eux : en traversant un corridor noir, Gaston croisa un homme qui paraissait un employé de la maison ; cet homme chercha la main de Gaston et y glissa un petit papier.

Gaston mit nonchalamment la main dans la poche de sa veste et y laissa le billet.

Mais arrivé chez lui, aussitôt qu'il eut vu la porte se refermer sur son conducteur, il tira avidement le billet de sa poche. Il était écrit sur du papier à sucre, avec la pointe d'un charbon affilé, et contenait cette seule ligne :

« Feignez d'être malade d'ennui. »

Il sembla d'abord à Gaston que l'écriture du billet qui lui avait été remis dans le corridor noir, ne lui était pas inconnue ; mais elle était si grossièrement tracée, qu'il était bien difficile que les traits qu'il avait sous les yeux puissent servir de guide à son souvenir. Il perdit donc peu à peu cette idée, et attendit le soir avec impatience pour consulter le chevalier Dumesnil sur ce qu'il devait faire.

La nuit venue, il fit le signal d'usage, le chevalier se mit à son poste et Gaston raconta ce qui lui était arrivé, en demandant à Dumesnil, qui avait un usage assez prolongé de la Bastille, ce qu'il pensait du conseil que lui avait donné son correspondant inconnu.

— Ma foi! lui répondit le chevalier, quoique je ne sache pas où le conseil peut vous mener, suivez-le toujours, car il ne saurait vous nuire, on vous donnera moins à manger peut-être, mais voilà ce qui peut vous arriver de pis.

— Mais, dit Gaston, si l'on s'aperçoit que ma maladie est feinte...

— Oh! quant à cela, répondit le chevalier Dumesnil, il n'y a point de danger, le chirurgien de la Bastille est parfaitement ignorant en médecine, et ne s'apercevra de votre mal que pour faire ce que vous ordonnerez vous-même; peut-être alors vous permettra-t-on la promenade au jardin, alors vous serez bien heureux, car c'est une grande distraction.

Gaston ne voulut pas s'en tenir là et consulta mademoiselle de Launay, laquelle, soit logique, soit sympathie, fut exactement du même avis que le chevalier. Seulement elle ajouta :

— Si l'on vous met à la diète, dites-le-moi, et je vous ferai passer des poulets, des confitures et du vin de Bordeaux.

Quant à Pompadour, il ne répondit rien; le trou n'était pas encore percé.

Gaston fit donc le malade, ne mangeant rien de ce qu'on lui apportait, et vivant des libéralités de sa voisine dont il avait accepté les offres.

Vers la fin du second jour, monsieur Delaunay monta lui-même. On lui avait rapporté que depuis quarante heures Gaston n'avait rien mangé. Il trouva le prisonnier dans son lit.

— Monsieur, lui dit-il, j'apprends que

vous êtes souffrant, et je viens m'informer moi-même de l'état de votre santé.

— Vous êtes trop bon, Monsieur, répondit Gaston, il est vrai que je suis souffrant.

— Qu'avez-vous? demanda le gouverneur.

— Ma foi, Monsieur, dit Gaston, je crois que vous ne mettez pas d'amour-propre à votre château : je m'ennuie à la Bastille.

— Quoi! depuis quatre ou cinq jours que vous y êtes ?

— Je me suis ennuyé dès la première heure.

— Et quel genre d'ennui éprouvez-vous?

— Y en a-t-il plusieurs ?

— Sans doute, on s'ennuie de sa famille.

— Je n'en ai pas.

— On s'ennuie de sa maîtresse.

— Gaston poussa un soupir.

— On s'ennuie de son pays.

— Oui, c'est cela, dit Gaston, sentant bien qu'il fallait qu'il s'ennuyât de quelque chose.

Le gouverneur parut réfléchir un moment.

— Monsieur, lui dit-il, depuis que je suis gouverneur de la Bastille, je déclare que les seuls moments agréables que j'y ai passés sont ceux où j'ai été à même de rendre quelque service aux gentilshommes que le roi confie à mes soins. Je suis donc prêt à faire quelque chose pour vous, si vous me promettez d'être raisonnable.

— Je vous le promets, Monsieur.

— Je puis vous mettre en relations avec un de vos compatriotes, ou du moins avec un homme qui m'a paru parfaitement connaître la Bretagne.

— Et cet homme est prisonnier comme moi?

— Comme vous.

Un vague sentiment vint à l'esprit de Gaston que c'était ce compatriote dont parlait monsieur Delaunay, qui lui avait fait remettre le billet dans lequel on l'invitait à faire le malade.

— Si vous voulez bien faire cela pour moi, dit Gaston, je vous en serai bien reconnaissant,

— Eh bien! demain je vous le ferai voir; seulement, comme il m'est recommandé de le tenir fort sévèrement lui-même, vous ne pourrez passer qu'une heure avec lui ; et comme il y a défense absolue pour lui de quitter sa chambre, c'est vous qui l'irez trouver.

— Je ferai tout ce que vous désirerez, Monsieur, répondit Gaston.

— Alors, c'est décidé, demain à cinq heures, attendez-moi, moi ou le major de la place; mais c'est à une condition.

— Laquelle ?

— C'est que dans l'attente de cette distraction, vous mangerez un peu aujourd'hui.

— Je ferai ce que je pourrai.

Gaston mangea un blanc de volaille et but deux doigts de vin pour tenir parole à monsieur Delaunay.

Le soir, il fit part au chevalier Dumesnil de ce qui s'était passé entre lui et monsieur Delaunay.

— Ma foi ! lui dit celui-ci, vous êtes bien heureux : le comte de Laval a eu la même idée que vous, et la seule chose qu'il ait obtenue, c'est d'être transporté dans une chambre de la tour du Trésor, où il me disait qu'il s'ennuyait à mourir, n'ayant d'autre distraction que de causer avec l'apothicaire de la Bastille.

— Diable! dit Gaston, comment ne m'avez-vous pas dit cela plus tôt?

— Je l'avais oublié.

Ce ressouvenir tardif du chevalier avait un peu troublé Gaston. Placé comme il l'était entre mademoiselle de Launay, le chevalier Dumesnil et le marquis de Pompadour, avec lequel il allait incessamment entrer en relation, sa position, moins l'inquiétude que lui inspirait son sort et surtout celui d'Hélène, était tolérable. Si on le transportait ailleurs, il ne pouvait manquer d'être attaqué par la maladie qu'il avait feint d'éprouver.

A l'heure convenue, le major de la Bastille, suivi d'un guichetier, vint chercher Gaston, auquel on fit traverser plusieurs cours, et qui s'arrêta enfin avec ses conducteurs devant la tour du trésor. Chaque tour, on le sait, avait son nom particulier.

Dans la chambre numéro 1 était un prisonnier près duquel on introduisit Gaston. Cet homme, le dos tourné à la lumière, dormait tout habillé sur son lit de sangle. Les restes de son dîner étaient encore près de lui sur une table de bois vermoulu, et son costume, déchiré en plusieurs endroits, indiquait un homme du commun.

— Ouais, dit Gaston, ont-ils donc pensé que j'aimais à ce point la Bretagne, que le premier croquant venu, parce qu'il était de Rennes ou de Penmarck put être élevé au rang de mon Pylade. Oh! non pas, celui-ci est un peu trop déguenillé et me paraît manger trop, mais comme au bout du compte il ne faut pas être capricieux en prison, essayons toujours de cette heure. Je raconterai l'aventure à mademoiselle de Launay, et elle la rimera pour le chevalier Dumesnil.

FIN DU TROISIÈME VOLUME.

www.ingramcontent.com/pod-product-compliance
Lightning Source LLC
Chambersburg PA
CBHW060358170426
43199CB00013B/1908